Claus Claussen

Erzähl mal was!

Erzählkompetenzen
in der Grundschule –
kreative Unterrichtsideen

 Auer

GRATIS-DOWNLOADS
zum Kommunikationstraining

Sichern Sie sich 3 originelle, komplett
ausgearbeitete Unterrichtsstunden, die aus
dem Stegreif in maximal 5 Minuten vorbereitet
sind – ideal für Vertretungsstunden.

Download der Gratis-Materialien unter
www.auer-verlag.de/07664DK1

Gedruckt auf umweltbewusst gefertigtem, chlorfrei gebleichtem
und alterungsbeständigem Papier.

7. Auflage 2020
Nach den seit 2006 amtlich gültigen Regelungen der Rechtschreibung
© Auer Verlag
AAP Lehrerwelt GmbH, Augsburg
Alle Rechte vorbehalten
Satz: Fotosatz H. Buck, Kumhausen
Druck und Bindung: Himmer GmbH, Augsburg
ISBN 978-3-403-**03154**-3

www.auer-verlag.de

Inhalt

1. E   irung

Wenn im Zusammenhang mit dem Grundschulunterricht vom Erzählen der Kinder und Erwachsenen, von Erzählkultur die Rede ist, dann können Merkmale benannt werden, an denen sich diese Erzählkultur zeigt. Im Kindergarten gemeinsam mit den Kindern entwickelt und weitergeführt und dabei durchaus von tradierten Ansätzen beeinflusst, wird diese Erzählkultur in den aufeinander folgenden Grundschulklassen und auch darüber hinaus entfaltet. Sie zeigt sich vor allem in einer zunehmend anspruchsvolleren geselligen Erzählpraxis der Kinder und dient insgesamt ihrer Sprachentwicklung.

In den Klassen, die eine gesellige Erzählpraxis pflegen und ausüben, gibt es die Institution einer offenen Erzählwerkstatt mit

- Ideen, Impulsen, Beispielen und Materialien im Sinne von vielfältigen Anregungen;
- Produktionsmitteln (Halbfertigware), um Erzählideen zu realisieren;
- angemessener Zeit (z. B. im Zusammenhang mit Deutsch und Freier Arbeit usw.).

Als weitere unerlässliche Institution findet sich dort ein regelmäßig stattfindender Erzählkreis mit angenähert symmetrischen Gesprächsformen, mit wechselseitiger Akzeptanz und Unterstützung, mit Regeln, Ritualen und Ämtern sowie erzählförderlichem „Zubehör".

Im Erzählkreis entstehen Erzählideen für Geschichten, in der Erzählwerkstatt werden aus Ideen Geschichten, in den Erzählkreis münden diese Geschichten dann wieder ein.

Erzählkultur zeigt sich vor allem auch an dem empathischen Verhalten von Lehrerinnen und Lehrern, etwa an ihrem einfühlsamen, aktiven Zuhören, an Konkurrenzvermeidung, an behutsamen, dem Erzählen förderlichen Beurteilungen und an spezifischer Ermutigung und Unterstützung der Zögerlichen, der Zurückhaltenden, der Schwachen.

Mit Erzählstunden, in denen Lehrerinnen und Lehrer und auch professionelle Erzähler den Kindern Geschichten erzählen, regen sie Fantasie und Kreativität der Kinder an und bieten Sprachvorbilder. Letztlich zeigt sich Erzählkultur an gemeinsamen Werkstattgesprächen sowie in Kleingruppenkonferenzen, in denen über Sprache nachgedacht wird, in denen sich Kinder und Erwachsene beim Geschichtenersinnen und -erzählen mit Sprache auseinandersetzen und sprachhandelnd über Sprache verständigen. Werkstattgespräche sind eine ständig sprudelnde Quelle für Erzählideen, Erzählanlässe und für das Geschichtenerfinden.

Im Rahmen einer derartigen Erzählkultur sind Erzählmaterialien unverzichtbar. Als Erzählmaterialien werden z. B. reale Gegenstände, Bilder (Fotos, Zeichnungen, Drucke), Bildkombinationen, Collagen, Figuren, Handpuppen, Karten mit Reizwörtern und Reizwortkombinationen, erzählförderliche Hilfsmittel u. v. a. bezeichnet. Erzählmaterialien geben Anstöße für Geschichten, geben Anfänge vor, lösen Ideen und Ereignisfolgen aus für ganz unterschiedliche und facettenreiche Gedankengänge „in den Köpfen der Kinder". Sie regen Kinder (und Erwachsene!) zum Ersinnen, zum Erfinden von Geschichten an, die dann, wenn sie „fertig bedacht" sind, mündlich erzählt werden können. Mit den Erzählmaterialien werden immer auch inhaltliche Andeutungen, Vorgaben und Ideen vermittelt, welche die Grundschulkinder aufgreifen und auf ihre Weise gestalten, verändern und ergänzen können. Thematische „Rahmen" werden angedeutet und Impulse gegeben, die Kinder „weiterspinnen" können. Prinzipiell sind Erzählmaterialien jedoch nicht festgelegt, sondern offen.

Im Klassenzimmer sind Erzählmaterialien ständig verfügbar, d. h. die Kinder einer Klasse finden sie an einem festen Platz im Erzählschrank, im Erzählregal oder mindestens in einer Erzählkiste gut sortiert und übersichtlich geordnet vor. Sie können dann im räumlichen und zeitlichen Rahmen einer Erzählwerkstatt individuell, mit einem Partner, mit einer Kleingruppe auswählen und entscheiden, welcher Impuls aufgegriffen, welche Geschichte erdacht, erfunden werden und dann für den Erzählkreis als Mittelpunkt und klasseninterne „Öffentlichkeit" vorbereitet werden soll.

Und: Erzählmaterialien sind von der Lehrerin, vom Lehrer selbst angefertigt bzw. gesammelt worden, zusammen mit den Kindern, versteht sich.

Um Erzählmaterialien geht es in diesem Band.

Claus Claussen

2. Über das mündliche Erzählen von Kindern und über die Erzählwerkstatt

> „Woher kommen die Geschichten?
> Fallen sie vom Himmel wie Regen oder Schnee?
> Wachsen sie aus der Erde wie Gras?
> Sind sie im Schrank versteckt?
> Geschichten sind überall.
> Sie schlafen in unserem Kopf.
> Sie schlafen in allen Dingen auf der Welt.
> Wir müssen sie aufwecken.
> Das kann jeder.
> Wenn er will." (Kohl, 1993)

dergärten, Grundschulen sowie Sekundarstufenschulen skizziert werden, die einen öffentlich-rechtlichen Qualifizierungsauftrag haben. Dieser sieht vor, heranwachsenden Kindern gemäß ihres individuellen Bildungsanspruches den Erwerb von Kommunikationsfähigkeit (quasi als „Schlüsselqualifikation", die auch Erzählkompetenz einschließt) und den Gebrauch der „freien Rede" zu ermöglichen. Dabei soll die Balance zwischen Freiheit und Bindung, d. h. von freiem und angeleitetem (kultivierendem) Erzählen gewahrt bleiben.

2.1 Brauchen Kinder Geschichten?

Kinder brauchen Geschichten (Ewers, 1989, S. 8). Mündliches Erzählen mit und vor Kindern zeigt aktuell, wie gut sie diese Geschichten gebrauchen können, um z. B. in der Familie „Ruhe und Gleichgewicht am Ende eines Tages" zu finden (Claussen/Merkelbach, 1995, S. 6), um sich selbst durch erzählte Geschichten unmittelbar oder mittelbar verständlich zu machen, um „sich" zu erzählen oder ihre Situation zu Wort kommen zu lassen. Sie brauchen sie aber auch, um ähnliche sowie fremde Weltdeutungen und Lebensentwürfe kennen zu lernen und um sich neue Wörter, Redewendungen, Sätze und Erzählmuster anzueignen.

Die nachfolgend skizzierten Konzeptansätze zur Erzählwerkstatt entstammen praxisnahen Überlegungen mit dem Ziel, mündliches Erzählen von Kindern und Erwachsenen wieder stärker zu fördern.

Vor allem die didaktischen Vorschläge zu Erzählsituationen wurden zunächst für den Bereich der Grundschule entwickelt (Beck/Claussen, 1990; Claussen, 1991), später in den Bereich der Vorschulzeit (Kindergarten) einerseits und dann auch in Richtung Sekundarstufe andererseits (Claussen, 1993/1994) erweitert. Erste Anstöße für das Konzept Erzählwerkstatt kamen aus der „Wiederentdeckung einer vergessenen Kunst" (Merkel/Nagel, 1980, S. 13 f.), aus Befunden darüber, dass das „Erzählen (das des Lehrers wie das der Kinder) fast aus der Grundschule verbannt" gewesen sei (Dehn/Warm, 1986, S. 34–36). Die feststellbaren schulpraktischen „Verkürzungen" auf schriftliches Erzählen, auf die sog. „Erlebniserzählung" und auf das Nacherzählen führten zu gehäuften Nachfragen aus der Schulpraxis an die institutionelle Fortbildung nach einer neuen Erzählpraxis (Claussen, 1995, S. 131 f.), bei der gleichwohl Erinnerungen an die traditionelle „narrative Kultur" in der Grundschule Auslöser waren. Diese Anstöße wurden später durch Befunde der Erzählforschung und ihre „erzähldidaktischen Konsequenzen" ergänzt (Boueke/Schülein, 1995, S. 209).

Im Folgenden sollen praxisnahe Erzählansätze für Kin-

2.2 Welches Erzählen ist hier gemeint?

„Kinder erzählen – wenn man sie lässt oder anleitet, von sich aus, von sich, von dem, was sie bewegt. Sie erzählen von ihren Erfahrungen, Vorstellungen, Träumen und Fantasien. Sie tun es um so lieber, wenn sie bemerken, dass andere ihnen zuhören, wenn sie die Aufmerksamkeit und die erzählbedingte Zuwendung anderer spüren" (Claussen/Merkelbach, 1995, S. 7). Zumeist wird mündliches Erzählen (als Prozess) überwiegend als sprachliche Vergegenwärtigung zurückliegender Erfahrungen, als „Weitergabe von Geschehen" verstanden (Ehlich, 1983, S. 137). „Erzählen ist eine Allerweltstätigkeit. Man kann etwas erzählen, man kann von etwas erzählen, und es gibt nichts auf der Welt, das nicht zum Gegenstand des Erzählens werden könnte" (Weber, 1989, S. 42). Aus diesem weit gefassten Erzählbegriff lässt sich jene spezifische Spielart des Erzählens hervorheben, die als „Erzählen einer Geschichte" näher gekennzeichnet werden kann.

Mit jeder Ankündigung: „Ich will euch eine Geschichte erzählen!" ist stets eine spezifische „Zusage" verbunden, nämlich „etwas Besonderes, Außergewöhnliches, Unerwartetes" (Boueke/Schülein, 1995, S. 15) bieten zu wollen. Im Mittelpunkt einer Geschichte steht stets ein „Ereignis" bzw. eine zusammengehörende Ereignisfolge, die „gewissen Minimalbedingungen von Ungewöhnlichkeiten" (Quasthoff, 1980, S. 27) entsprechen muss. Die für Geschichten typische „Funktion" besteht darin, die Zuhörer auch emotional „in ein sich plötzlich und unter Umständen dramatisch veränderndes Geschehen" zu „verwickeln", in eine „durch das Auftreten eines unerwarteten Ereignisses ausgelöste Spannung, die einer entsprechenden Lösung bedarf" (Boueke/Schülein, 1995, S. 15). Dabei muss allerdings nicht zwingend ein Geschehen wiedergegeben werden, das der Erzähler selbst „erlebt" hat. Erzählgegenstand kann auch von anderen Gehörtes, Gelesenes, per Medien Vermitteltes, selbst Ausgedachtes, allein oder mit anderen gemeinsam Ersonnenes sein (worin z. B. auch Selbsterlebtes, Gehörtes, Zitiertes, kreativ und narrativ „Vermischtes" zusammenfließen kann). Diese Form des Erzählens beruht auf kunstfertigem, bewusstem Umgang mit Sprachmaterial.

2.3 Voraussetzungen für eine Erzählkultur in Kindergarten und Grundschule

Kinder verarbeiten beim mündlichen Erzählen die Erfahrungen mit ihrer Welt; sie teilen sich mit, allerdings auf höchst unterschiedliche Weise, je nach dem Stand ihrer Sprachentwicklung und Erzählpraxis. Aus der Erzählforschung ist bekannt, welche voneinander unterscheidbaren Entwicklungsschritte Kinder auf dem Weg zur Erzählfähigkeit im Kindergarten- und Grundschulalter zurücklegen (Hoppe-Graff, Schöler/Schell, 1980, S. 40):

„1. Die Produktion besteht aus nur einer Aussage.
2. Die Produktion besteht aus mehreren unverbundenen Aussagen.
3. Die Produktion besteht aus temporal, aber nicht kausal verbundenen Aussagen.
4. Die Produktion besteht aus temporal und kausal verbundenen Aussagen, die jedoch keinerlei Information über die Zielorientiertheit des Protagonisten beinhalten.
5. Die Produktion besteht aus temporal und kausal verbundenen Aussagen, die sogar zusätzlich noch mit Angaben über die Zielorientiertheit des Protagonisten versehen sind."

Diese Schritte legen die Kinder allerdings in individuell unterschiedlicher Zeit (d. h. z. B. auch mit individuellen Verzögerungen) und bezüglich der Ergebnisse auch in individuell unterschiedlicher Ausprägung zurück.
Spätere Untersuchungen bestätigen diese Befunde im Wesentlichen (Boueke/Schülein, 1995, insbesondere S. 74 ff.), wobei aufgezeigt werden kann, wie sich während der Lebensspanne vom Kindergarten bis zum Ende der Grundschulzeit einfachere „Texttypen" („isolierte" und „lineare" Texte) zu komplizierteren „Texttypen" („strukturierte" und „narrative" Texte) verändern. Dies geschieht ganz offensichtlich als „Teil der Entwicklung der kognitiven Fähigkeiten" und des „Weltwissens" der Kinder (Boueke/Schülein, 1995, S. 200).
Obwohl der individuelle Erwerb von Erzählfähigkeit als weitgehend „selbst gesteuerter kognitiver Entwicklungsprozess verstanden wird" (Boueke/Schülein, 1995, S. 209), bleibt die Frage ungeklärt, inwieweit zum einen dieser Prozess durch methodisch organisierte Anleitungen und Herausforderungen (Aufgaben) einer Erzählkultur günstig beeinflusst werden kann und zum anderen, unter welchen förderlichen Bedingungen dies geschehen könnte, kurz, ob und wie Erzählen lern- und lehrbar sei.

2.4 Kritik der tradierten Erzählpraxis

„Ich habe beim Erzählen nie Angst gehabt,
doch bei dir und einigen anderen ‚Lehrern', sagte
der Friseur und schaute den Lehrer an, habe ich nach
einer Weile die Lust verloren, weil ihr nicht
meine Geschichten, sondern meine Sprachfehler
verfolgt habt." (Schami, 1991, S. 46)

Als erste direkte Annäherung an das Konzept Erzählwerkstatt erscheint es zweckmäßig, jene kritischen Einschätzungen kurz und summarisch zusammenzufassen, die bei der Reflexion der traditionellen schulischen Erzählpraxis aufgefunden wurden:

– Eine unsymmetrische kommunikative Beziehung und Dominanz von Erziehern und Lehrern, und zwar in mehrfacher Hinsicht:
a) als Hauptinitiatoren und Hauptadressaten alles Erzählens
b) als ständig präsente Korrekturinstanz, die, an einem „guten" Erzählmuster und Vor-Bild orientiert, auf die möglichst ökonomische Aneignung von spezifischen Form- und Gestaltungselementen achtet
c) als vor-eilige und vor-sorgliche Eingreifinstanz, die (noch) gar nicht wissen kann, was die Kinder vorhaben
d) als Beurteilungsinstanz, die, an einem guten Ergebnis orientiert, die Rangplätze zuweist.
Die „auf den Lehrer hin orientierte Kommunikationsstruktur" drängt „den Schüler tendenziell in die Situation von jemanden, der auf eine Frage antwortet" und nicht in die „eines Geschichtenerzählers" (Klein, 1980, 282 f.).

– Dem Vorigen entsprechend eine unzureichende Entwicklung der sozialen Dimension beim Erzählen
Dabei erscheint sowohl das „Sich-etwas-Erzählen" im Kreise der Gleichaltrigen unterentwickelt wie auch das gemeinsame „Geschichtenersinnen und -erfinden" zum Zwecke des Weitererzählens.

– Die Kürze der verfügbaren Zeit
Alles, was Erzählen heißt, muss üblicherweise im Rahmen einer 45-Minuten-Stunde „verfertigt" und „abgeleistet" werden, was z. B. die Chancen langsamerer Kinder deutlich begrenzt.

– Diskontinuierliche Erzählpraxis
Das eher punktuelle Aufgreifen von „Erzählen" (es wird nur hier und da mal erzählt!) schafft kein Kontinuum beim Aufbau einer Erzählkultur in der Schule und zeigt deutlich ein bisher fehlendes erzähldidaktisches Curriculum mit „Schülerprofil" auf.
„Schülerprofil" bedeutet in diesem Zusammenhang, dass Kinder mehr und mehr das Erzählen und Vorbereiten (Planen) von Geschichten in die eigene Verantwortung nehmen. Dies geschieht etwa hinsichtlich der Wahl eines Impulses oder einer Idee für eine Geschichte, der Entscheidung über Zeitdauer von Verfertigung und Erprobung bzw. Überarbeitung gemeinsam

mit anderen Kindern sowie hinsichtlich des Zeitpunktes der Veröffentlichung.

– Vorrang des Schriftlichen vor dem Mündlichen
Erzählen und (miteinander) Sprechen wird nicht als eigenwertiges sprachliches Handeln akzeptiert. Das führt zum einen zu curricularen und auch schulpraktischen Defiziten, was etwa Baurmann zu Recht mit „Schlüsselqualifikationen" im Berufsleben in Zusammenhang bringt, da „neben Fähigkeiten im Schriftlichen zunehmend Leistungen im Mündlichen verlangt" werden (Baurmann, 1984, S. 258 ff.). Die Bevorzugung des Schriftlichen wird zum anderen auch mit den „fehlenden Belegen" für „nachprüfbare" Leistungseinschätzung und -bewertung begründet.

– Fokussierung des Erzählens auf das Nacherzählen
Auch hier dominiert eine seit langem ungebrochene Tradition, nämlich der Orientierung an einem Vor-Bild als maß-setzender Instanz. Diese Orientierung mündet in die Forderung an die Kinder nach vor-bildlichem Erzählen. Die Aufgabe lautet, dem jeweils gesetzten Standard möglichst nahe zu kommen. Vom ersten Schultag an tradieren Lehrende per Nacherzählung spezifische Form- und Gestaltungselemente.

– Mündliches Erzählen als Vorstufe des Schriftlichen
Diese in der Grundschule beobachtbare Praxis fördert mündliches Erzählen so lange, bis die Kinder des Schreibens mächtig werden. Dann wird das Mündliche stark reduziert und nicht mehr als „zweite Säule" neben dem Schriftlichen weiterentwickelt.

2.5 Erzählwerkstatt

Mehrdimensionale Überlegungen, wie aus der Kritik der tradierten schulischen Erzählpraxis neue Konzeptionen entwickelt werden könnten, führten in der Grundschule zu Ansätzen, die sich nicht mehr „vorwiegend an traditionellen literarischen Mustern" orientieren (Dehn, 1986, S. 16–19), „sondern an der Funktion des Erzählens im Alltag und dem Vermögen der Kinder." Dazu ist es erforderlich, „entspannte Erzählsituationen" zu schaffen, auch einfachere Erzählformen zu akzeptieren, komplexere Aufgaben zu stellen, die Kinder in spezifischer Weise auf sich selbst fokussieren können, oder durch Erzählsituationen thematische Rahmen zu setzen, in deren Zusammenhang Kinder z. B. eigene oder gemeinsame Erzählansätze wählen können. Auch eine unterhaltende Funktion des Erzählens sowie das Genießen von erzählten Geschichten anderer soll akzeptiert werden.
Diesen Überlegungen folgte der Ansatz „Erzählen als gesellige Praxis" (Beck/Claussen, 1990; Claussen, 1991), der zum einen Anregungen aus der Freien Arbeit und insbesondere aus dem kreativen freien Schreiben (z. B. Merkelbach, 1993) sowie zum anderen die Leitidee der „literarischen Geselligkeit" (Mattenklott, 1979) und langjährige Erfahrungen aus der Praxis

des Unterrichtsgespräches (Morgenkreis/Stuhlkreis/Gesprächskreis) aufnahm.
Wie viele sinnvolle Gestalten diese offenere Unterrichtsform annehmen kann, ist bereits mehrfach beschrieben worden (z. B. Röbe/Walcher, 1992, S. 40 f.). Dazu gehört auch jene des Erzählkreises als Gremium (mit seinen gesprächsfördernden und -stützenden Impulsen, Gelegenheiten, Ritualen, Regeln und Dokumentationsformen) für von Kindern, von Lehrer oder Lehrerin sowie anderen Erzählern dargebotenen und anschließend im „Werkstattgespräch" (was z. B. auch Einflüsse des Werkstattunterrichts zeigt) erörterten Geschichten. Später kamen noch die eher inhaltlichen Ansätze aus der „Grammatik der Phantasie" (Rodari, 1992) hinzu: Zum einen verfolgten sie das Ziel, „Kindern zu helfen, sich ganz allein ihre eigenen Geschichten zu erfinden, zum anderen hatten sie den Anspruch, „alle Gebrauchsmöglichkeiten des Wortes allen zugänglich zu machen" (ebenda, S. 9).
In der mit diesen Hinweisen umrissenen, prinzipiell offenen Erzählwerkstatt als sorgfältig vorbereiteter schulischer Umgebung „entsteht ein Spannungsfeld, in dem viele Erzählansätze, Ideen, spontane Einfälle zusammenfließen und aufgrund von gemeinsamen Aushandlungsprozessen, gemeinsamen Nachdenkens über Ablauf und Ausgestaltung zu je originalen Erzählungen werden" (Claussen/Merkelbach, 1995, S. 8).
Die Erzählwerkstatt schafft ein kontinuierlich vorhandenes, sich nach und nach im Anspruch steigerndes schulisches Arrangement, d. h. einen Zeitrahmen für vielfältige Erzählsituationen mit vielen Merkmalen des Werkstattunterrichts. Dazu gehören z. B. vorgegebene oder zusammen mit den Kindern erarbeitete, möglichst offene Angebote, die zu Initiativen und zum Auswählen auffordern und außer fertigen Impulsmaterialien auch Ideen sowie Produktionsmittel verfügbar machen.
Dabei verschiebt sich generell die Unterrichtsweise von einem eher aktiven Lehren vor der Klasse zum Vorbereiten, Moderieren, Anleiten und zur individuellen Beratung und Hilfe. Zugleich ändert sich die Lernweise der Kinder vom passiven Rezipieren zum aktiven Handeln. Die Kinder lernen im steten Wandel zwischen Erzählen und Zuhören realistische, fiktionale oder „vermischte" Geschichten vorzubereiten. Sie erlernen „Handwerkliches", sie erproben handelnd und reflektierend Erzähl- und Gestaltungsmittel, und zwar in einem sich entfaltenden sozio-kommunikativen Feld. Mit Worten erzeugen sie z. B. Spannung, Farbe, Atmosphäre, Bilder, Wortwitz. Sie experimentieren und sprengen sprachliche Grenzen. Andererseits erproben sie rhetorische Mittel wie Stimmführung, differenzierte Körpersprache, Gestik, Mimik, Lautmalerei, verkürzte Sprache (Ausrufe, Stöhnen etc.) und nehmen beim Erzählen Reaktionen wie Zustimmung, Ablehnung, Protest und Beifall, Mitleiden, Freude, Empörung, Kurzkommentare, Nachfragen etc. wahr bzw. reagieren ihrerseits darauf.
Die zum Erwerb der Erzählfähigkeit notwendige, angenähert symmetrisch anzulegende „gesellige Praxis" in der Erzählwerkstatt gelingt jedoch nur, wenn eine

Reihe von Bedingungen beachtet werden bzw. als Parameter gelten:

- Eine weitgehend konkurrenzfreie, durch wechselseitiges Vertrauen geprägte Atmosphäre, in der positive Zuwendungsbereitschaft, Verstehenwollen und Verstandenwerdenwollen zusammenwirken.
- Kinder finden als „Geschichtenerzähler" soziale Akzeptanz und Anerkennung und gewinnen auf diese Weise Selbstvertrauen, auch in ihre Fähigkeit, Worte zu finden.
- Kinder werden ermutigt und überdies angeleitet, aktiv spielerisch und kreativ-produktiv mit Erzählinhalten und -mitteln umzugehen.
- Analog zu sog. Schreibkonferenzen (Spitta, 1989, S. 20 f.) gehen Kinder in Kleingruppen (mit oder ohne Lehrpersonen) ihre eigenen Geschichtenentwürfe durch, um z. B. Widersprüche aufzulösen, treffendere Formulierungen zu finden sowie spannende Anfänge und zufrieden stellende Schlüsse zu entdecken.
- Nach dem Erzählen im Kreis werden Werkstatt-Gespräche mit nicht-direktiver Gesprächsführung arrangiert, die gelungene, aber auch diskussionswerte Stellen aufgreifen und den Kindern ein Bewusstsein für aushaltbare, da veränderbare Unzulänglichkeiten und damit zugleich Anstöße und erreichbare Ziele für weitere Entwicklungen vermitteln.
- Erzieher und Lehrer sind wesentliche Mit-Gestalter dieser „geselligen Praxis". Die Verhaltensweisen beim Zuhören verändern sich bei ihnen (vgl. Flader/Hurrelmann, 1984) in Richtung auf „aktives Zuhören" und stärken ihre empathischen Fähigkeiten (Schulz von Thun, 1993, S. 58 und 262). Für Kinder als Erzähler im „Status Nascendi" wirken sie stärkend und unterstützend. Erzieher und Lehrer fungieren auf diese Weise auch als „Lernmodelle".
- Erzieher und Lehrer handeln insofern glaubwürdig in der Erzählwerkstatt und in Erzählsituationen, als sie sich den Kindern auch als „unfertige", mit selbst gewählten sprachlichen Aufgaben, Problemen und Experimenten befasste „Geschichtenerfinder und -erzähler" zeigen und zum anderen das tradierte frei vortragende Erzählen, die orale Erzählkunst wieder aufleben lassen.

2.6 Spezifische Erzählsituationen

Kindergarten:

Ausgewählte Erzählsituationen aus dem Kindergarten skizzieren den Beginn freien und angeleiteten Erzählens, das sich später kontinuierlich in Grundschule und Sekundarstufe fortsetzt.

In der Zeit unmittelbar vor dem Mittagsschlaf sowie in kleinen und größeren Erzählrunden erzählen Kinder oder Erwachsene vorbedachte und vorbereitete Geschichten. Beispielsweise geben gemeinsam ausgedachte Figuren (z. B. ein kleiner dicker König, die Mul-

dennixe oder ein Nacht- oder Taggespenst) oder verabredete Rahmenthemen (z. B. Baum- oder Wassergeschichten) Anlässe für viele unterschiedliche Geschichten. Die Kinder (die alle noch nicht schreiben können) verfertigen während oder nach dem „Ausdenken" Bild-Notierungen zu ihren „Geschichten im Kopf" (Bild-Cluster oder Bild-Reihen), um nichts zu vergessen.

Mittelpunkt der Erzählpraxis und der ritualisierten Erzählrunden im Kindergarten wird die große Erzählkiste mit gesammelten Bild-Notierungen der Kinder, mit Gegenständen, die beim Erzählen benutzt werden können und einer stets zunehmenden Zahl von sog. Knie-Büchern (buchartig organisierte Klapp-Bücher) mit Folgen von einfachen Bildern ohne Texte, die teils von der Erzieherin allein, teils von den Kindern und der Erzieherin gemeinsam erdacht und angefertigt worden sind. Die Erzählkiste enthält überdies zahlreiche Bildimpulse, die zum gemeinsamen oder individuellen Geschichtenerfinden und Erzählen anregen können (ausgewählte Tierbilder etc.). Im Übrigen wird als ständig, d. h. den ganzen Tag über „zugänglicher" Adressat für alle Geschichten eine große Puppe (Klappmaulpuppe mit Armen und Händen zum Hineingreifen) angeboten. Dieser Puppe erzählen die Kinder ihre Geschichten. Die Erzählkiste soll den Kindern als Angebot verfügbar sein, aus dem sie bereits bekannte Geschichten auswählen und untereinander weiter- und wieder erzählen können.

Grundschule:

Die folgenden typischen Erzählsituationen (siehe dazu Beck/Claussen, 1987/1990; Claussen, 1991 sowie Claussen/Merkelbach, 1995) werden deshalb hier beispielhaft skizziert, weil sie im Rahmen einer Erzählwerkstatt von Kindern ausgewählt werden können. Die in ihnen enthaltenen Erzählimpulse können in „geselliger Praxis" ausgestaltet, für das mündliche Erzählen im Kreis der Gleichaltrigen als Geschichten geplant, vorbereitet und schließlich erzählt werden. Entscheidend ist der vorbedachte Entwurf.

Mögliche Erzählimpulse:
- Erzählen mit kleinen und großen Puppen: Einfache, typische Finger- und Handpuppen geben schon im ersten Schuljahr Anreiz für kleine Geschichten.
- Erzählkiste aus den Ferien: Gesammelte gegenständliche Belege nach eigener Wahl erinnern später beim Erzählen an die jeweils mit ihnen verknüpften Geschichten.
- Selbst gefertigte Erzählfiguren (die in diesem Band vorgestellte Erzählfamilie, die Erzählkindergruppen bzw. -clique) samt Bildmaterial bieten zahlreiche Möglichkeiten für Geschichtenreihen, in die viele subjektive Erfahrungen der erzählenden Kinder einfließen können.
- Rätselhafte Gegenstände wie Steine oder Südseeschneckenhäuser lösen (nachfragegesteuerte) fiktionale Geschichten aus, die Wünsche, Visionen und „Zitate" zusammenfassen.

- Erzählfiguren (real oder fiktional) samt Bildmaterial können zu Erzähl-Clustern zusammengefügt und anschließend Grundlage von Geschichten werden.
- Der „Lügensack" mit realen Gegenständen aus „erlogenen Situationen" schafft einen reizvollen thematischen Erzählrahmen.
- Rundumerzählen (mit Bild- oder kurzen Textvorgaben) erreicht intensives Zuhören in der Kinderrunde sowie präzises, höchst kreatives Eingehen auf die jeweilige Vorgabe.
- Bänkelsang setzt an selbst gefertigten acht- oder zehnteiligen Bildertafeln an, die eine selbst erfundene dramatische Geschichte präsentieren.
- Kindheitsgeschichten (in der Erzählschachtel) sind Biografien 6-, 7- oder 8-jähriger Kinder, die sich aus selbst gesammelten Bild-Belegen (Fotos, Zeichnungen etc.) zusammensetzen und die Grundlage für das Erzählen des eigenen Lebens bilden.
- Märchen- und Fantasiebaukasten bieten vielfältige, nach Oberbegriffen geordnete Reizwörter, die durch Kombinieren und Ausgestalten zu selbst ersonnenen Märchen und Fantasiegeschichten führen.
- In Karteiform gesammelte Geschichtenanfänge (zwei bis drei Sätze) setzen Impulse für spannende Erzählungen.
- Mit selbst geschriebenen Erzählkarten (Stichwörter) lassen sich am roten Faden linear strukturierte Reihengeschichten zum Erzählen vorbereiten.
- Geschichten, die „auf eine Kuhhaut gehen", greifen Bildzeichen der amerikanischen Prärie-Indianer auf, setzen sie in spiralförmig organisierte Reihenfolgen und ergeben lange, komplizierte und sorgfältig zwischen den Kindern ausgehandelte Geschichten.

Sekundarstufe:

Die ausgewählten Erzählsituationen (siehe dazu Claussen, 1993 und 1994 sowie Claussen/Merkelbach, 1995) zielen auf das Vorbereiten und Planen von mündlich erzählten Geschichten im Rahmen einer anspruchsvollen Erzählwerkstatt, die ebenfalls in Erzähldarbietungen im Kreis („vor Publikum") und in Werkstatt-Gespräche einmünden:

- Erzählkarten mit Erzählpartituren (unterschiedliche, teils einfach, teils kompliziert gestaltete offene Erzählstrukturen) sind die Vorgaben und geben Impulse für je eigene Geschichten, die wiederum mit einem Erzählbaukasten (vielfältige Reizwörter, unter Oberbegriffen gesammelt) verknüpft sein sollen.
- Erzählgerüste führen als spezifische Arbeitstechnik für das mündliche Erzählen über Merkwortsammlungen, Sprechzettel bis hin zu nach- oder selbst gestalteten, weitererzählbaren Geschichten.

2.7 Anmerkungen und Literaturübersicht:

Für die überaus zahlreichen Hinweise auf ihre Erzählpraxis im Kindergartenbereich und für viele Erprobungen von Erzählimpulsen dort gilt mein besonderer Dank Ines Weinelt, Erzieherin in Dessau.

- Baurmann, J.: Mündlicher Sprachgebrauch. In: Baurmann/Hoppe (Hg.): Handbuch für Deutschlehrer. Stuttgart 1984
- Beck, S./Claussen, C.: Erzählen in der Grundschule. Hessisches Institut für Lehrerfortbildung, Hauptstelle Reinhardswaldschule, Kassel 1987 bzw. 1990
- Boueke, D./Schülein, F. u. a.: Wie Kinder erzählen – Untersuchungen zur Erzähltheorie und zur Entwicklung narrativer Fähigkeiten. München 1995
- Claussen, C./Merkelbach, V.: Erzählwerkstatt – Mündliches Erzählen. Braunschweig 1995
- Claussen, C.: Erzählen lernen in der Grundschule. In: Praxis Grundschule 1991, Heft 3
- ders.: Mit Kindern Geschichten erzählen lernen. In: Praxis Schule 5–10, 1990, Heft 5
- ders.: Erzählgerüste 1. In: Praxis Schule 5–10, 1993, Heft 6
- ders.: Erzählgerüste 2. In: Praxis Schule 5–10, 1994, Heft 3
- ders.: Erzählgerüste 3. In: Praxis Schule 5–10, 1994, Heft 5
- Dehn, M./Warm, U.: Grundschule – Kolloquium „Erzählen – Zuhören". In: Grundschule 1986, Heft 1
- Dehn, M.: Literarisches Erzählen – Erzählen im Alltag. In: Grundschule 1986, Heft 1
- Ehlich, K.: Alltägliches Erzählen. In: Sanders, W./Wegenast, K. (Hg.): Erzählen für Kinder – Erzählen von Gott, Stuttgart 1983
- Ehlich, K. (Hg.): Erzählen in der Schule. Tübingen 1984
- Ewers, H.H.: Kinder brauchen Geschichten. In: Grundschule 1989, Heft 1
- Flader, D./Hurrelmann, B.: Erzählen im Klassenzimmer – eine empirische Studie zum ‚freien' Erzählen im Unterricht. In: Ehlich, K. (Hg.): Erzählen in der Schule a.a.O. 1984
- Hoppe-Graff, S./Schöler, H./Schell, M.: Zur Analyse der Erzählungen von Kindern im prä- und konkret-operationalen Entwicklungsstadium (Typoskript). Mannheim 1980
- Klein, K.P.: Erzählen im Unterricht. Erzähltheoretische Aspekte einer Erzähldidaktik. In: Ehlich, K. (Hg.): Erzählen im Alltag. Frankfurt 1980
- Kohl, E.M.: Zauberstift 1, Berlin 1993
- Mattenklott, G.: Literarische Geselligkeit – Schreiben in der Schule. Stuttgart 1979
- Merkel, J./Nagel, M. (Hg.): Erzählen. Die Wiederentdeckung einer vergessenen Kunst. Reinbek 1980
- Merkel, J.: Die Resonanz zwischen Erzähler und kindlichem Publikum. Mündliches Erzählen als Kommunikationsform angesichts audiovisueller Medien. In: Ewers, H.H. (Hg.): Kindliches Erzählen – Erzählen für Kinder. Weinheim 1991
- Merkelbach, V. (Hg.): Kreatives Schreiben. Braunschweig 1993
- Quasthoff, U.M.: Erzählen in Gesprächen. Tübingen 1980
- Röbe, E./Walcher, S.: „Den Morgenkreis fand ich am besten". In: Priebe, H./Röbe, E. (Hg.): Blickpunkt Grundschule. Donauwörth 1992
- Rodari, G.: Grammatik der Fantasie – Die Kunst, Geschichten zu erfinden. Leipzig 1992
- Schami, R.: Vom Zauber der Zunge. Frauenfeld: Im Waldgut 1991
- Schulz von Thun, F.: Miteinander reden 1. Reinbek 1993
- Spitta, G.: Schreibkonferenzen. In: Grundschulzeitschrift 1989, Heft 30
- Weber, D.: Der Geschichtenerzählspieler. Wuppertal 1989

3. Erzählkreis

Einander etwas erzählen und miteinander sprechen gehört unbestritten zu den Grundformen lebendigen Lernens. Diese Auffassung gilt spätestens seit der Epoche der Reformpädagogik der 20er-Jahre des 20. Jahrhunderts.

Der Erzählkreis bildet im Grundschulunterricht (auch zuvor im Kindergarten) eine Unterrichtsform mit hohem Schülerprofil, die dem Zweck des Erzählens (samt Ideensuche, Impulsgewinnung, Planung, Beispieldarbietung, Treffen von Absprachen und Arbeitsverabredungen, Sichtung von Zwischenergebnissen sowie dem Geschichtenerzählen und dem genießenden Zuhören) sowie dem Austausch individueller wie gemeinsamer Erfahrungen dient. Er fungiert damit als wesentlicher, zentraler Teil jeder Erzählwerkstatt.

Ein Erzählkreis kann durchaus in die Tradition des Unterrichtsgespräches eingeordnet werden und ergänzt sinnvoll jene multifunktionale Aufgabenbeschreibung des Gesprächskreises (Morgenkreis, Stuhlkreis, Sitzkreis), der zu einem inzwischen allseits üblichen Element eines rhythmisierten Schultags gehört (Röbe/Walcher, 1992). Der Erzählkreis ist jener unterrichtliche Ort, an dem es im sprachlichen Umgang miteinander um Teilnahme an den Erlebnissen und Erfahrungen anderer, um den Aufbau von sozialen Beziehungen, um wechselseitige Bereicherung wie auch um Verständigung, Orientierungs- und Sinnsuche geht. Damit ist der Erzählkreis zugleich Teil der Öffnung von Unterricht, d. h. einer neuen Lernkultur, prinzipiell offen für die Ideen der jeweils anwesenden Kinder. Hier wird Erzählen geplant, werden „Geschichten auf Kiel gelegt"; er ist aber auch das Gremium, in dem die mündlich erzählten Geschichten „ankommen", wenn sie nach Meinung ihrer AutorInnen „fertig" sind.

Andererseits ist ein Erzählkreis aber auch jene Runde, in der Erzählerfolge gemeinsam vermerkt wie auch individuell gespürt werden. Positives Feedback hat hier genauso seinen Platz wie behutsame Korrekturen und nützliche, weiterführende Werkstattgespräche.

Der Erzählkreis ist das Gremium in der Schulklasse, das den Prozess des Verfertigens und Erzählens von Geschichten von Anfang bis Ende begleitet. Den daran beteiligten Kindern wird bewusst, wie sprachlich gelernt wird (Prozesserfahrungen). Im Erzählkreis kann auch das traditionelle zahlenmäßige Verhältnis der Sprechakte von Lehrenden und Lernenden im Unterricht neu ausbalanciert werden. Kinder finden im Erzählkreis den Ort und die Zeit zur sprachlichen, gestischen und mimischen (rhetorischen!) Darstellung ihrer Erlebnisse und jener Geschichten, die sie sich im Rahmen der Erzählwerkstatt allein oder mit anderen zusammen ausgedacht haben. Jedes Kind kann sich in diesem Gremium sprachlich entfalten und muss zugleich die gleich gerichteten Absichten aller anderen respektieren lernen.

Man kann diesen Zusammenhang auch die Erfahrung von Freiheit und Bindung nennen: Anspruch auf eigenes freies und offenes Sprechen und Erzählen einerseits sowie Respekt vor dem gleichen Anspruch aller anderen andererseits. Diese Erfahrung fördert den Aufbau von sprachlichen Interaktionsmustern in demokratischen Kommunikationsstrukturen.

Alle Planungs- und Vorbereitungsstadien im Zusammenhang mit der Arbeit in der Erzählwerkstatt, die Erzählzeit mit der Vorstellung bzw. Darbietung der „fertigen" Geschichten, die Werkstattgespräche sowie die Vorstellung neuer Erzählmaterialien sind auf den Erzählkreis angewiesen. Ein ergebnisoffener Erzählkreis muss gründlich vorbedacht und planmäßig wie langfristig entwickelt bzw. aufgebaut werden. Komplementär zur Öffnung müssen – zusammen mit den Kindern – Regeln und Rituale entwickelt und eingeübt werden, die für jedes Kind durchschaubar und überdies nützlich sind. Auf diese Weise erfahren sie von Grund auf die Bedeutsamkeit gemeinsamen Verabredens wie gemeinsamen Veränderns von Verabredungen und erleben zugleich, dass diese Unterrichtsform zahlreiche Anforderungen an sie stellt.

Differenzierte und zugleich anspruchsvolle Kommunikationsstrukturen für Kinder und Lehrer lassen auch eine deutliche Annäherung an eher symmetrische Verhältnisse im Unterricht zu als dies z. B. im Frontalunterricht möglich wäre, in dem die Kinder wie „Wassergläser unter einem Wasserfall" stehen oder vom „Aschenregen der Information" (Wagenschein, Martin) zugeschüttet werden: 60–80 % aller Sprechakte entfallen hier auf eine Lehrperson, nur 20–40 % auf die Kinder.

Die Verabredung von Regeln, die Entwicklung von Ritualen, die jedem einzelnen Kind individuelle Chancen eröffnen und es zugleich auch absichern und schützen, gehört zu den unerlässlichen Merkmalen jedes Erzählkreises.

Diese Merkmale sollen nachfolgend im Einzelnen und aufgrund von unterrichtspraktischen Erfahrungen dargestellt werden:

– Jedes Kind sollte zu allen anderen Kindern sprechen, nicht nur zum Lehrer oder zur Lehrerin. Adressat ist stets der ganze Kreis.
– Jedes Kind sollte als Sprecher in die Runde schauen, als Zuhörer den Sprecher ansehen.
– Jedes Kind sollte zu Ende sprechen dürfen. Zuhörer sollten sich in Geduld und Toleranz üben, Sprecher hingegen in angemessener Kürze.
– Jedes Kind sollte sich aktiv am abwechselnden Sprechen und Zuhören beteiligen und zudem wissen, dass ihm beide Chancen garantiert sind.
– Kein Kind sollte dazwischen reden, wenn ein anderes Kind spricht, d. h. den notwendigen Wechsel von Sprechen und Zuhören akzeptieren.

- Jedes Kind sollte sich auf jeweils eigenständige Weise für den Erzählkreis vorbereiten und sich z. B. Material und Belege zurechtlegen können (siehe dazu auch „Das Ankündigungsbrett", S. 19).
- Jedes Kind sollte anzeigen können, wann es zu Ende gesprochen hat und dann das Wort weitergeben können.
- Jedes Kind sollte alle abgesprochenen Formen des Sich-Bemerkbarmachens kennen und entstehende Reihenfolgen akzeptieren lernen.
- Jedes Kind sollte die Zeichen zur Zwischenfrage oder Zwischenbemerkung angemessen nutzen können.
- Jedes Kind sollte die Meinungen anderer akzeptieren können.
- Jedes Kind sollte lernen, anderen Kindern ermutigende bzw. positive Feedbacks zu geben.
- Jedes Kind sollte Formen behutsamer Korrektur und sprachlich weiterführenden Helfens gegenüber anderen entwickeln.

Lehrerinnen und Lehrer sollten im Erzählkreis die verabredeten und mit den Kindern eingeübten Regeln soweit wie möglich selbst einhalten. Dies wird ihre Rolle bei dieser Unterrichtsform deutlich verändern. Zwar haben sie vor allem die Aufgabe, den sprachlichen Handlungsraum „Erzählkreis" mit den Kindern zu schaffen, sie müssen ihn andererseits aber auch kontinuierlich sichern, damit es allen Kindern möglich wird, sich selbst als aktiv sprachgestaltendes Subjekt zu verstehen.

Positives Feedback samt behutsamen, für die jeweiligen Kinder nützlichen und sie in ihrer sprachlichen Entwicklung weiterführenden Korrekturen sollten im Erzählkreis und in den Werkstattgesprächen überwiegen. Mit Sensibilität und Empathie sollten sie „Vielsprecher" abbremsen und Zögerliche, Ängstliche bestärken und ermutigen. Vor allem sollten sie die Fähigkeit des „aktiven Zuhörens" erwerben und für sich selbst einüben.

Lehrerinnen und Lehrer wirken in allen genannten Fällen durch ihr Beispiel. Der skizzierte Stil aller Interaktionen im Erzählkreis kann wie ein Lernmodell dazu beitragen, dass Kinder die notwendige Selbstkompetenz entfalten. Sie entwickeln z. B. Selbstvertrauen zur eigenen Erzählpraxis, wenn sie die insgesamt positiven Rückmeldungen (Botschaften) von Lehrer und Lehrerin bemerken. Dieses Selbstvertrauen muss nämlich von jedem einzelnen aus allen Erfahrungen, die es in seinem Umfeld erwirbt, selbst aufgebaut werden. Ihr Selbstkonzept bedarf der Anerkennung.

Lehrerinnen und Lehrer sollten – vor allem im Zusammenhang mit den Werkstattgesprächen – auch mit Metakommunikation beginnen, d. h. die Kinder dazu anleiten, gewissermaßen „von oben" auf das eigene Handeln zu schauen und beispielsweise einzuschätzen, wie es denn etwa mit den Regeln im Erzählkreis „geklappt" hat.

Unterrichtspraktische Fragen ergeben sich vor diesem Hintergrund. Beispielsweise müsste sichergestellt sein, dass die Sitzordnung im Erzählkreis tatsächlich den angestrebten Zwecken entspricht und alle Kinder einander gut sehen können. Außerdem müsste die Frage geklärt werden, ob die Sitzplätze der Kinder im Erzählkreis festgelegt sind und bleiben.

Folgende drei Einrichtungen haben sich in der Praxis gut bewährt:

- Leiterin oder Leiter des Erzählkreises
Dieses Amt, das jede Woche wechselt, wird von einem Kind übernommen. Der Leiter oder die Leiterin eröffnet den Erzählkreis. Sie oder er benutzt dazu ein verabredetes Zeichen, z. B. ein Glöckchen, eine Triangel, ein Tamburin (siehe auch Klangschale oder Klangstab, S. 18). Er oder sie organisiert die Meldefolge, kennt die Regeln und Rituale gut und setzt sie durch. Zum Ende der Amtszeit wird die Nachfolge für die nächste Woche geregelt: Aus einem Hut mit Karten wird der Nachfolger oder die Nachfolgerin gezogen. Wer schon dran war, scheidet dabei aus.

- Protokoll-Buch
Darin wird mit genauer Angabe von Datum, Leiter und Protokollschreiber aufgeschrieben, was im Erzählkreis los war, wer was erzählt hat (Kurzfassung). Das Protokollbuch dient der Dokumentation des Geschehens.

- Protokollbuch-Schreiber
Auch dieses Amt wechselt jede Woche und wird (z. B. in einer ersten Klasse) zunächst vom Lehrer oder der Lehrerin ausgeübt, später jedoch auf Kinder übertragen. Um es ganz einfach zu organisieren, kann der Leiter oder die Leiterin des Erzählkreises jeweils in der Nachfolgewoche das Protokollbuch führen.

In der **Grafik 1** wird der funktionale Zusammenhang zwischen einem Erzählkreis und einer Erzählwerkstatt überblickartig dargestellt.

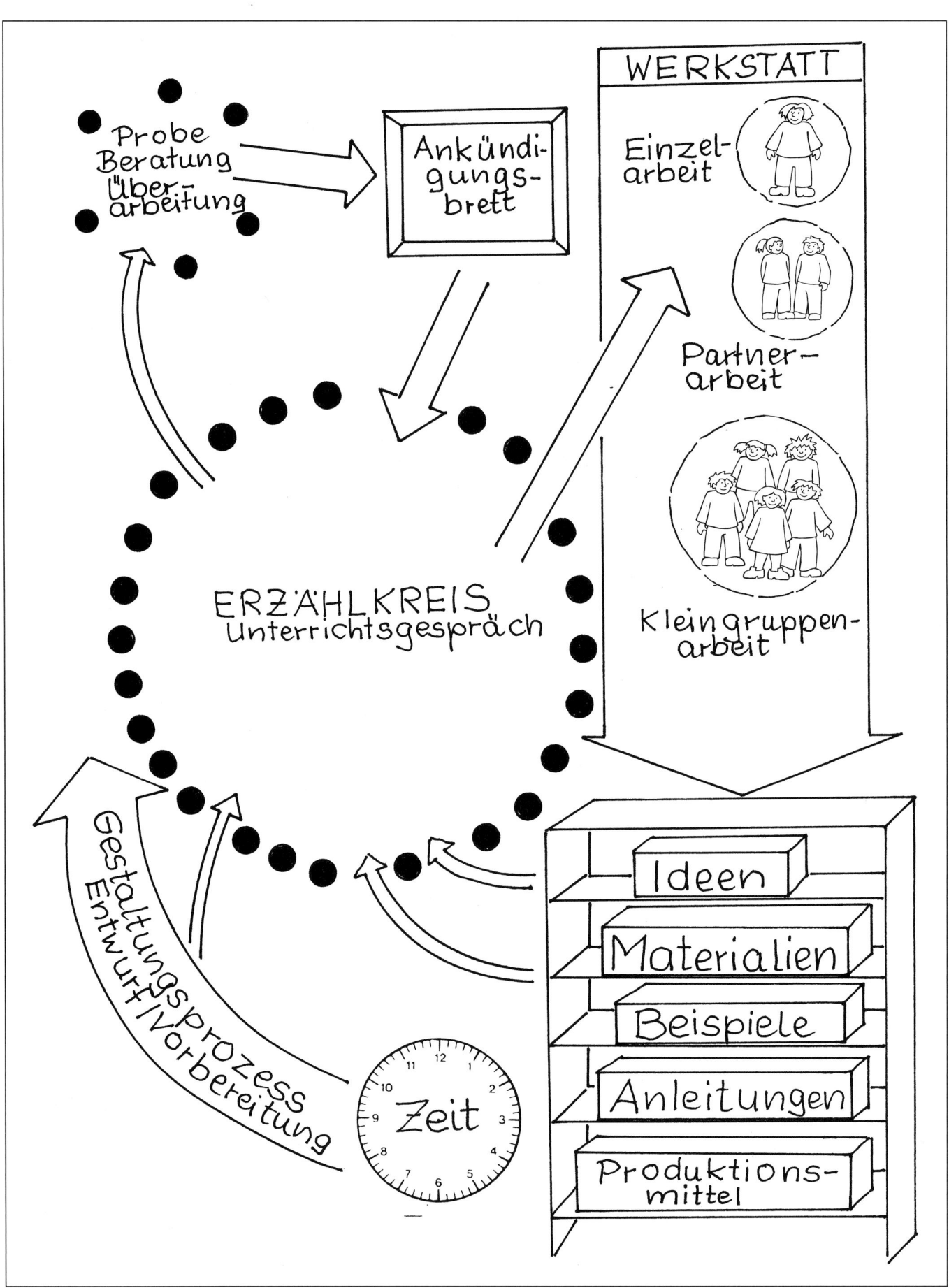

Grafik 1: Erzählwerkstatt und Erzählkreis

4. Erzählhilfen

4.1 Situationsplakat 1: Wenn erzählt wird …

In der Eingewöhnungsphase für den Erzählkreis (bis alle Kinder verstanden und eingeübt haben, welche Regeln und Rituale im Erzählkreis gelten sollen) wird das Situationsplakat 1 immer erst dann aufgehängt oder vorgezeigt, wenn erzählt werden soll.

4.2 Situationsplakat 2: Wenn wir im Erzählkreis miteinander sprechen …

Wenn nach dem Erzählkreis noch ein so genanntes Werkstattgespräch geplant ist, in dem die zum Erzählkreis versammelten Kinder über die gehörten Geschichten sprechen wollen (Nachfragen, Anmerkungen, Vorschläge, vor allem positive Feedbacks etc.), dann empfiehlt sich das Situationsplakat 2.

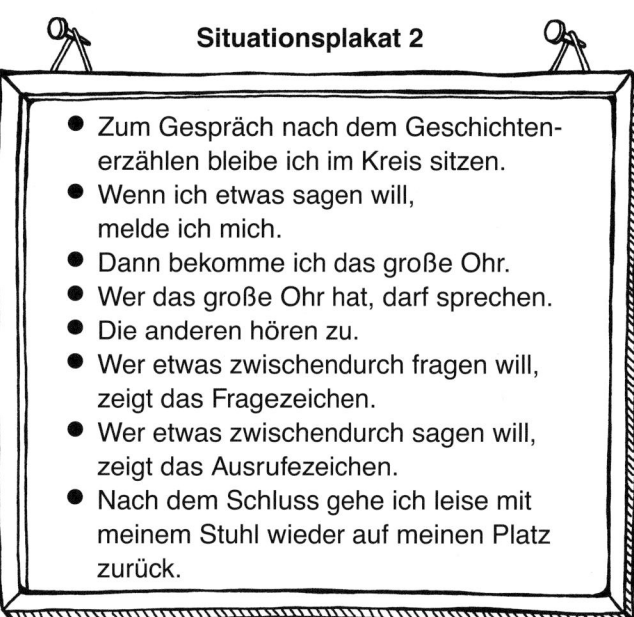

Situationsplakat 1

- Am Anfang setze ich mich leise in den Erzählkreis.
- Ich setze mich bequem hin.
- Wenn der Ton erklingt, werde ich ganz still.
- Ich höre der Erzählstimme zu.
- Wenn ich mich anders hinsetzen will, störe ich nicht.
- Wenn alle Geschichten erzählt sind, gehe ich leise mit meinem Stuhl auf meinen Platz zurück.

Situationsplakat 2

- Zum Gespräch nach dem Geschichtenerzählen bleibe ich im Kreis sitzen.
- Wenn ich etwas sagen will, melde ich mich.
- Dann bekomme ich das große Ohr.
- Wer das große Ohr hat, darf sprechen.
- Die anderen hören zu.
- Wer etwas zwischendurch fragen will, zeigt das Fragezeichen.
- Wer etwas zwischendurch sagen will, zeigt das Ausrufezeichen.
- Nach dem Schluss gehe ich leise mit meinem Stuhl wieder auf meinen Platz zurück.

Das abgebildete Beispiel ist als Anregung gemeint. Es ist wichtig, dass in jeder Klasse der Plakattext zusammen mit den Kindern formuliert und aufgeschrieben wird. Er ist in der Ich-Form verfasst, weil das den Kindern hilft, die gemeinten Regeln innerlich für sich selber zu formulieren. Der Text sollte immer eine kurze Zusammenfassung der im Erzählkreis als sinnvoll und nützlich erfahrenen und erprobten Regeln sein. Das bedeutet auch, dass ein solcher Plakattext verändert bzw. ergänzt werden kann.

Nach dem Aufhängen oder Vorzeigen des Plakats werden einzelne Regeln kurz besprochen – jedes Mal eine andere. So prägen sie sich auf Dauer besser ein. Während der Erzählzeit sind dann gezielte Hinweise von Lehrerin oder Lehrer besser möglich.

Zum Ende der Erzählzeit schätzen die Kinder jeweils kurz ein, wie es mit dem Einhalten der Regeln „geklappt" hat. Diese kurze Reflexion kostet nicht viel Zeit, stützt aber effektiv das Regelwissen. Danach wird das Plakat wieder abgenommen; die Erzählzeit ist zu Ende.

Zweckmäßigerweise wird es auf die Rückseite von Situationsplakat 1 geklebt und erst dann gezeigt, wenn das Werkstattgespräch beginnt. Auch in diesem Fall sollte der Text eine Zusammenfassung der in der Klasse erprobten Regeln und Rituale sein und zusammen mit den Kindern formuliert worden sein.

Kurze Erinnerungen am Anfang und ebenso kurze Einschätzungen am Schluss stützen das notwendige Regelwissen der Kinder ab.

4.3 Das Erzählkreis-Zeichen

Das abgebildete Zeichen soll den Kindern ohne viele Worte signalisieren, dass ein Erzählkreis gebildet werden soll.

Es wird vom Lehrer, von der Lehrerin oder von Kindern „mit Klassenamt" benutzt, die z. B. zum festgelegten Zeitpunkt den Erzählkreis in der Klasse organisieren sollen. Dabei geht es um einen Erzählkreis mit Stühlen in der jeweils eigenen Klasse oder in einem Nebenraum oder aber (bei relativ wenig Platz) um einen Erzählkreis mit Kissen auf dem Boden in der jeweils eigenen Klasse. Wenn das Zeichen gezeigt wird, löst es ei-

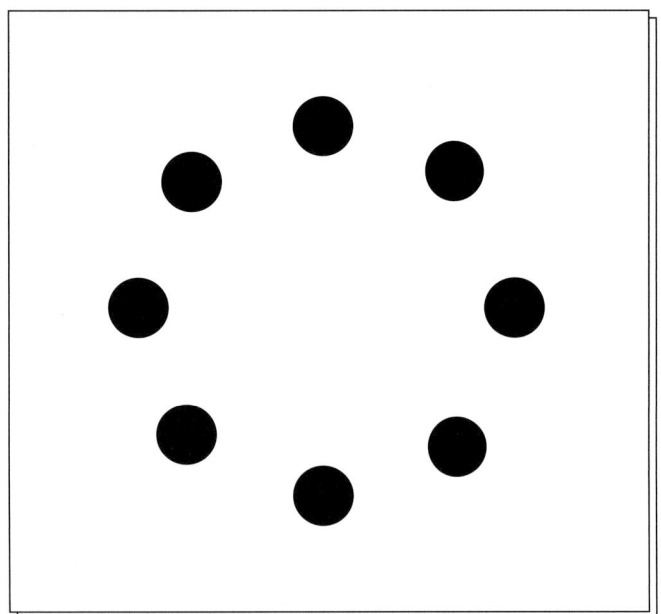

Abb.: Erzählkreis-Zeichen

nen vorher bewusst eingeübten, für die jeweilige Klasse geeigneten Ablauf zum Aufstellen eines Stuhlkreises oder zum Legen eines Sitzkreises aus. Nur wenn solch ein Ablauf eingeübt und ritualisiert worden ist, funktioniert auch das Zeichen.

4.4 Das Ohrenkind

Mit einem anderen optischen Signal kann die Erinnerung an Verabredungen und Regeln für den Erzählkreis wachgerufen und unterstützt werden: Das auf einem Plakat abgebildete Kind mit den großen Ohren lenkt die Aufmerksamkeit im Erzählkreis auf das Zuhören. Zu Beginn wird das Plakat in die Mitte des Kreises gelegt, sodass es alle gut sehen können. Lehrerin, Lehrer oder Kinder erinnern ans Zuhören, ans genaue Hinhören. Wenn alle Geschichten erzählt sind, wird auch das Ohrenkind wieder weggelegt.

Abb.: Ohrenkind

4.5 Das große Ohr

Zu einer gegliederten und geordneten Abfolge eines Werkstattgespräches im Anschluss an das Erzählen trägt auch ein kleines Plakat mit einem großen Ohr (z. B. DIN-A4-Format) bei. Es soll die Kinder, die gerade nicht reden, ans Zuhören erinnern. Dies funktioniert folgendermaßen: Wenn ein Kind im Kreis das Wort ergreifen möchte, bittet es um das große Ohr. Während es dann redet, zeigt es den anderen Kindern das große Ohr und gibt ihnen damit das Signal: „Hört mir bitte zu! Hört auf mich!" Das kleine Plakat steht auf seinen Oberschenkeln und lehnt an seinem Bauch. Je jünger die Kinder sind, desto schwerer fällt ihnen erfahrungsgemäß das Zuhören bzw. das Warten, das Zurückhalten eigener Sprechbeiträge.

Das große Ohr, das ein gemeintes Signal sichtbar macht, hilft beim Gliedern des Gesprächs. Zum großen Ohr sind in der Schulpraxis zahlreiche Alternativen üblich. Sie reichen von großen Südsee-Schneckenhäusern über Tücher und verzierte Stäbe bis hin zu Erzählsteinen (Kiesel, rundgeschliffene, auffällig gefärbte Halbedelsteine) und zu kleinen Bällen, insbesondere auffällig gefärbten Softbällen, die von Sprecherin zu Sprecher etc. weitergereicht werden und anzeigen, wer gerade das Wort hat.

Kleine Softbälle haben zudem noch den Vorteil, dass Kinder sie mit den Händen kneten können, wenn sie bei ihrem Sprechbeitrag etwas aufgeregt sind, was öfter vorkommt, als man denkt.

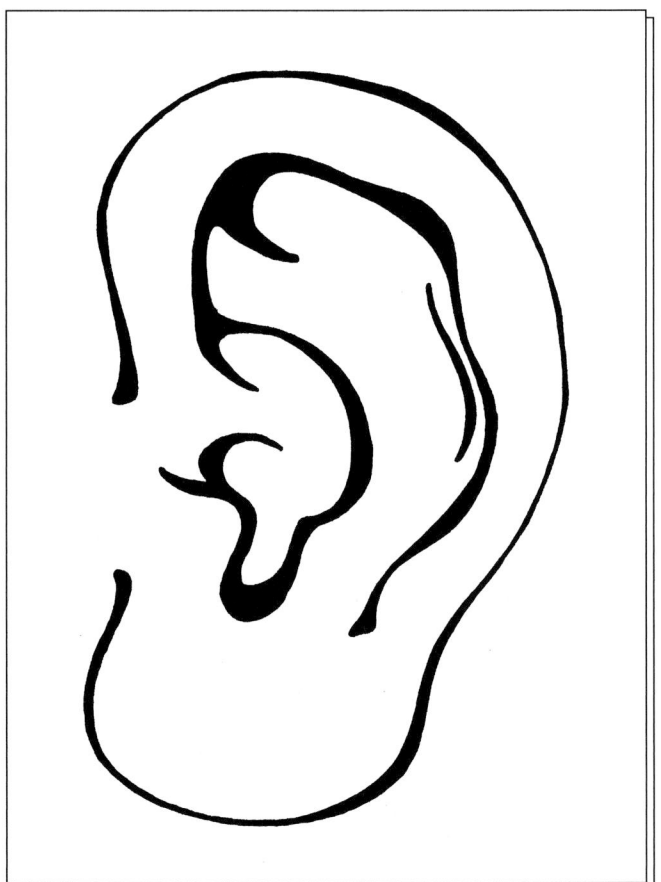

Abb.: „Großes Ohr"

4.6 Signalkarten

Für ein Werkstattgespräch nach dem Erzählkreis können die Kinder kleine Signalkarten benutzen.

Das sind Pappkärtchen (5 mal 10 cm groß), die auf einer Seite ein Fragezeichen, auf der Rückseite mit einem Ausrufezeichen versehen sind. Jedes Kind im Kreis sollte solch ein Kärtchen in der Hand halten. Etwa ab dem zweiten Schuljahr können sich Kinder damit in den Sprechbeitrag eines anderen „einschalten".

Mit dem Fragezeichen signalisieren sie beispielsweise stumm, dass sie eine Frage stellen wollen. Mit dem Ausrufezeichen signalisieren sie hingegen, dass sie etwas zum Sprechbeitrag sagen wollen.

Der oder die jeweils Sprechende nimmt die Kinder dran, die etwas fragen oder sagen wollen, und spricht anschließend selbst weiter.

4.7 Erzählmütze

Wer eine Erzählmütze aufsetzt, signalisiert den anderen Kindern: „Ich möchte euch etwas erzählen!" Deshalb wird eine Erzählmütze unentbehrliches Zubehör im Erzählkreis. Sie „beflügelt" die Kinder geradezu zum Erzählen; sie sagen, mit der Mütze geht das Erzählen besser als ohne.

Dies hat nichts mit irgendeiner „geheimen" Wirkung zu tun, sondern einfach damit, dass eine Erzählmütze die Situation genauer definiert und dadurch Sicherheit gibt. Außerdem trägt die Erzählmütze dazu bei, die Verteilung der „Rollen" im Erzählkreis zu verdeutlichen: Wer eine Erzählmütze trägt, erzählt, die anderen hören zu oder fragen nach.

Beide Wirkungen der Erzählmütze regen insbesondere auch zurückhaltende bzw. zögerliche Kinder an. Sie überwinden Hemmungen und wollen selbst auch eher „Mützenträger" und damit Erzähler sein.

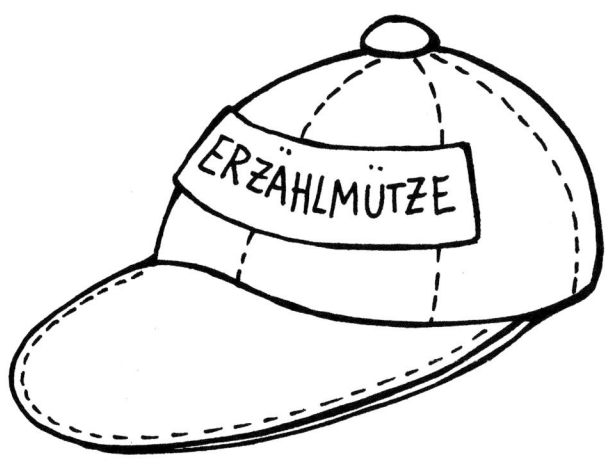

4.8 Erzählstuhl

Ähnlich wie eine Erzählmütze unterstützt auch ein Erzählstuhl, d. h. ein zusätzlicher, unbesetzter, besonderer Stuhl im Erzählkreis die Kinder beim Erzählen. Wer erzählen will, setzt sich auf den Stuhl. Viele Kinder sagen, dass das Erzählen dann besser geht. Auch der Erzählstuhl „definiert" die Situation genauer.

Das Wichtigste am Erzählstuhl ist ein Pappschild, das seine Funktion – in gut sichtbaren Buchstaben geschrieben – ausweist.

Aus einigen Klassen sind mir Erzählstühle bekannt, die Kinder beim Sperrmüll gefunden und als Erzählstuhl in ihre Klasse geholt haben. Einige von ihnen wurden nur gereinigt oder repariert, andere sorgfältig angemalt bzw. lackiert und hatten dann einen Ehrenplatz in der Klasse.

4.9 Erzählteppich oder Erzähldecke

Eine ganz besondere Einrichtung für die „gesellige Praxis" des Erzählens in einer Klasse ist ein Erzählteppich oder eine Erzähldecke.

Der Erzählteppich kann als ein besonderes Angebot während der Freien Arbeit angesehen werden und zielt darauf ab, einzelnen Kindern die Chance zu geben, ihre (entstehende) Geschichte vor einer kleinen Gruppe zu erzählen und auszuprobieren. Er sollte etwa so groß sein, dass sich vier bis fünf Kinder auf ihn setzen können. Der Sitzplatz von Erzähler oder Erzählerin sollte auch erkennbar sein. Am besten legt man noch ein klei-nes Teppichstück (Teppichfliese) zusätzlich auf den Er-zählteppich. Wenn sich dann ein Kind (mit oder ohne Erzählmütze) auf diesen Teppich setzt, bedeutet dies, dass sich weitere Kinder zu ihm setzen und eine Ge-schichte erwarten dürfen. Indem sie sich zum Erzähler setzen, zeigen sie ihm, dass sie zuhören bzw. bei sei-ner Geschichte mitmachen wollen. Solch ein Erzähl-teppich begrenzt die Situation und unterstützt sie zu-gleich.

Wenn die Geschichte beendet ist, wird der Erzähltep-pich zusammengerollt und in der für ihn vorgesehenen Ecke „geparkt".

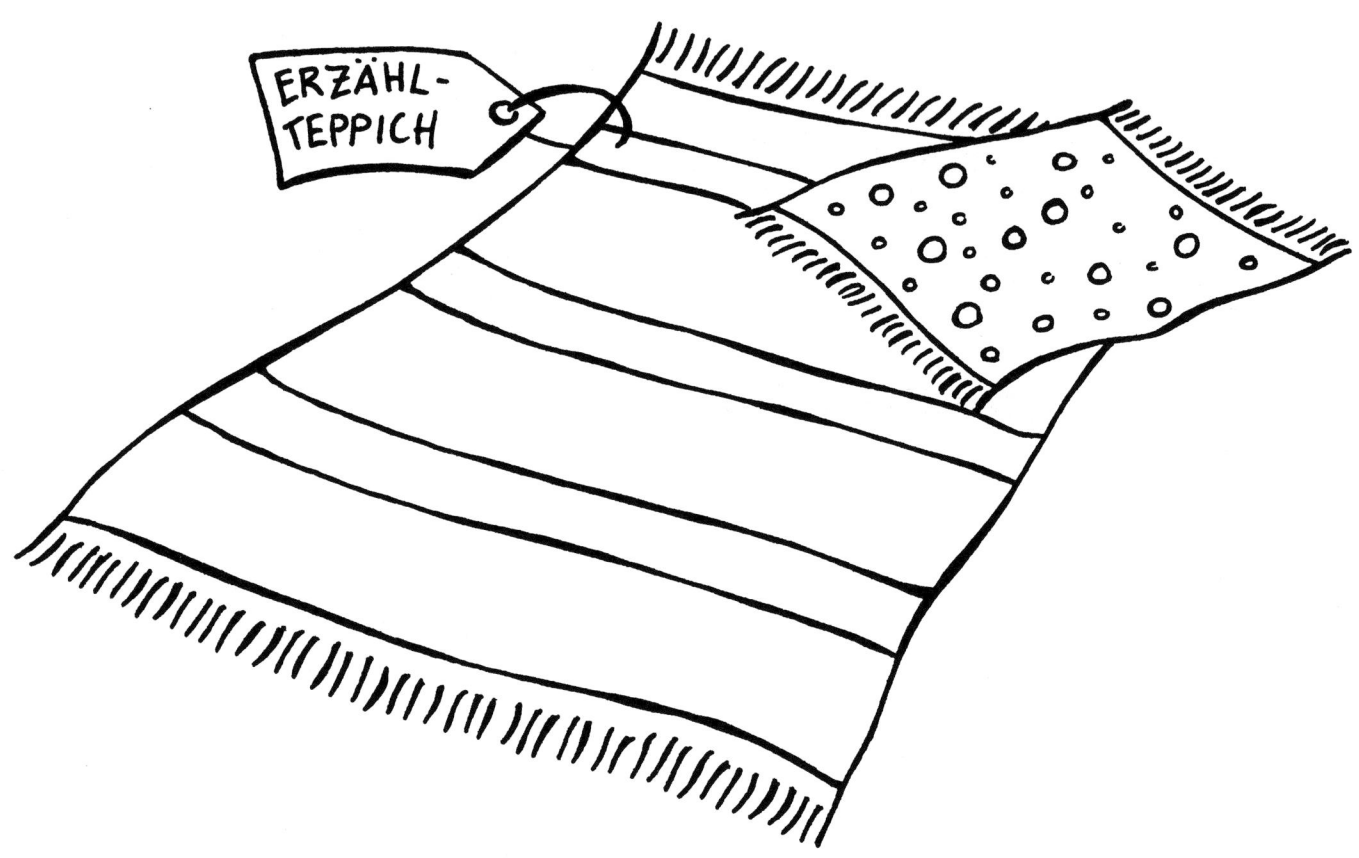

Die Erzähldecke umgrenzt ebenfalls eine Erzählsituati-on, allerdings für eine größere Gruppe bzw. – je nach Größe – für die ganze Klasse. Sie wird – wenn möglich – im Klassenraum auf den Boden gelegt und durch auf-gelegte Kissen ergänzt. Auf ihr versammeln sich die Teilnehmer zur Erzählzeit.

Am besten gelingt dies mit einer großen runden Er-zähldecke. Sie kann z. B. als groß angelegte Gemein-schaftsarbeit in der Klasse selbst gefertigt werden und mit Elternhilfe zu einem ästhetischen Projekt werden.

Das nachfolgend skizzierte Schnittmuster im Kreisfor-mat soll zeigen, wie aus verschiedenen Stoffen (die aber in den Farben zusammenpassen sollten) Lappen (doppelt) geschnitten und zusammengenäht werden können. Von der Kreismitte aus werden zunächst Sek-toren und später Stücke von konzentrischen Kreisen zusammengenäht. Im äußersten Kreis der großen Er-zähldecke könnten auf die einzelnen Teilstücke z. B. noch Stoffapplikationen von bekannten Märchenfiguren genäht werden.

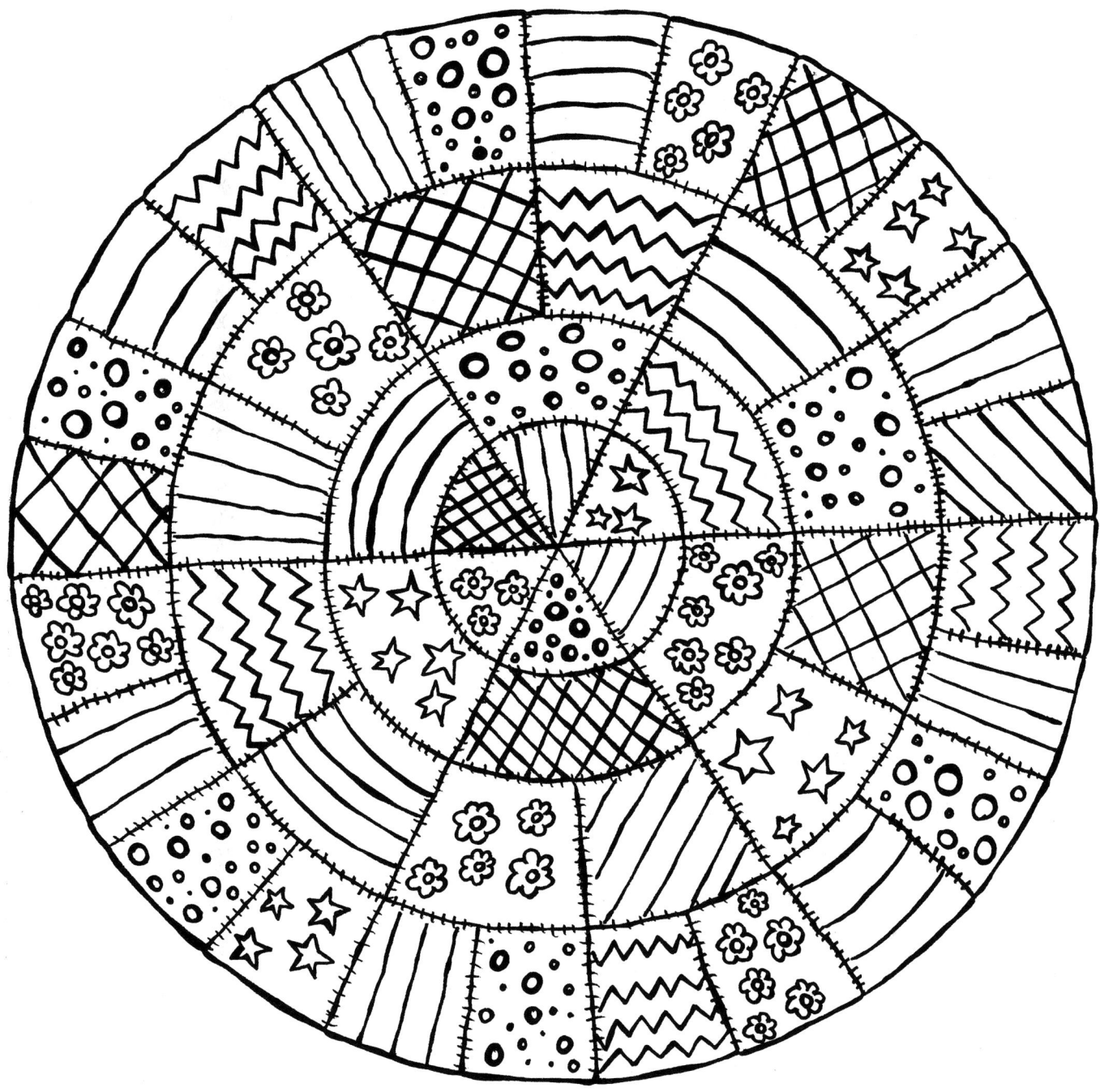

Abb.: Erzähldecke

4.10 Die Erzählecke in der Klasse

Falls es die räumliche Situation in der Klasse zulässt, kann auch eine Erzählecke eingerichtet werden, die ebenfalls eine für das Erzählen günstige Atmosphäre und Vorbedingung schafft.

Eine etwa durch Raumteiler oder Regale entstandene „Ecke" kann dann noch durch Sessel, ein Sofa oder Kissen ausgestattet werden, sodass sich Kinder dort „zusammenhocken" können.

Auch eine ansonsten anders genutzte Ecke kann durch ein Piktogramm vorübergehend zur Erzählecke erklärt und dann entsprechend genutzt werden.

Wer sich während der Freien Arbeit in die Erzählecke setzt, gibt zu erkennen, dass er oder sie erzählen, zuhören, mitmachen möchte, auf jeden Fall aber am Erzählen interessiert ist. Auch Lehrerin oder Lehrer können solche Situationen aufgreifen und von sich aus Erzählangebote machen.

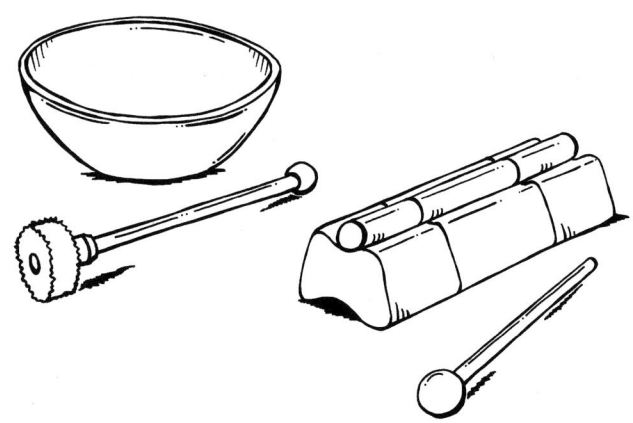

Abb.: Erzählecke

4.11 Akustische Signale: Tongeber Klangschale und Klangstab

Klangschale und Klangstab erzeugen im Erzählkreis bzw. für Erzählzwecke nützliche, langsam verklingende helle oder dunkle, auf jeden Fall gut wahrnehmbare Töne, welche den Kindern helfen, sich auf die folgende Situation zu konzentrieren. Beide Tongeber sind deshalb gut geeignet, eine Erzählsituation einzuleiten oder zu beenden.

Beispiel 1: Wenn sich alle Kinder in den Kreis gesetzt haben, wird der Tongeber angeschlagen. Während der Ton langsam verklingt, beginnt ein Kind oder die Lehrerin bzw. der Lehrer mit dem Erzählen. Zum Ende hin wird der Tongeber erneut angeschlagen. Ist sein Ton verklungen (alle müssen sehr leise sein, um das hören zu können!), stehen die Kinder auf und gehen leise an ihre Plätze.

Beispiel 2: Am Anfang jeder Geschichte wird bei der Klangschale der helle Ton (mit dem Holzklöppel) und am Ende der dunkle Ton (mit dem dicken Filzklöppel) angeschlagen.
Akustische Signale helfen, die Erzählsituation deutlich zu gliedern.

4.12 Das Ankündigungsbrett

Zu den spezifischen Einrichtungen einer Erzählwerkstatt gehört das Ankündigungsbrett, auf dem Kinder einer Klasse offiziell ankündigen, dass sie im Erzählkreis eine Geschichte erzählen wollen.
Die Erzählzeit sollte im Klassenstundenplan so fixiert

sein (etwa mittwochs in der 1. Schulstunde), dass sich alle Kinder darauf einstellen können.

Für ein Ankündigungsbrett sprechen neben inhaltlichen auch praktische Gründe.

Zum ursprünglichen spontanen Erzählen im Morgen-

Abb.: Ankündigungsbrett

kreis kommt im Erzählkreis das vorbedachte, geplante und im Rahmen der Erzählwerkstatt vorbereitete Erzählen hinzu. Bevor aus einer spontan gewonnenen oder aus Anregungen vielfältiger Art übernommenen Erzählidee eine Geschichte wird, muss Zeit für das Überlegen, Er- und Bearbeiten, für das Strukturieren und Erproben aufgewandt werden.

Das bedeutet oft, dass Kinder z. B. nicht während einer Unterrichtsstunde, auch nicht von einem auf den anderen Tag und vor allem nicht alle zur gleichen Zeit mit ihren Geschichten „fertig werden", sondern zu ganz unterschiedlichen Zeitpunkten. Es lohnt sich deshalb, Kinder an bestimmte Zeitmarken im Wochenablauf zu gewöhnen, beispielsweise an festliegende Erzählzeiten, zu denen jeweils fertige Geschichten vorgetragen werden. Die Autoren können ihre Geschichten dann für diese festgelegten Zeiten ankündigen.

Die Ankündigungen der Kinder richten sich nicht allein an Lehrerin oder Lehrer („Frau Müller, wann kann ich Ihnen endlich meine neue Geschichte erzählen?"), sondern auch an alle Kinder. Die Klassenöffentlichkeit hilft z. B. Erwartungen und Spannung für die nächste Erzählzeit aufzubauen.

Das Ankündigungsbrett dient auf diese Weise auch dazu, die traditionelle Lehrerzentrierung abzubauen, zumindest abzumildern.

Natürlich nutzen jene Kinder einer Klasse, die eine gut „gemachte" Ankündigung lesen, auch alle Möglichkeiten zu informellen Kontakten, des neugierigen Nachfragens bei den Autoren. Mithilfe des Ankündigungsbretts erfahren sie so neue Möglichkeiten der Kommunikation. Sie reagieren nicht nur mit Interesse und Neugierde auf andere, sondern nehmen auch Anteil am Schaffen, Arbeiten und Denken der anderen Kinder, und zwar auf eine Weise, die nur mittelbar von der Schule aus or-

ganisiert worden ist.

Das Ankündigungsbrett vermittelt den Kindern einer Klasse z. B. auch, dass z. B. gar keine Geschichten oder aber zu viele Geschichten angekündigt worden sind, sodass entweder noch Zeit und Gelegenheit für „nachgereichte" Geschichten besteht oder eine „Überfüllung" des Erzählkreises erwartet werden muss. Sie können deshalb an dieser Stelle mitplanen und mitentscheiden, welche praktischen Folgen neu verabredet werden müssen. Auch Lehrerin oder Lehrer erkennen am Ankündigungsbrett, ob sie „bremsen" oder auffordern, anregen bzw. „steuern" müssen.

Ein Erzählkreis wird dann von allen Beteiligten akzeptiert, wenn Erzähler und Zuhörer nicht unter den Druck geraten, dass möglichst alle an die Reihe kommen müssten. In einer Erzählzeit können immer nur wenige Kinder eine Geschichte vortragen; die Fiktion einer „gerechten Zeitaufteilung für alle" sollte aufgegeben werden. Die Erfahrungen aus der Praxis zeigen, dass mithilfe eines Ankündigungsbretts langfristig „Vielerzähler" gebremst und „Zögerliche" oder „Langsame" ermutigt werden können.

Ängstliche Kinder, die erst mal beobachten wollen, wie die „Sache" läuft, können sich im Erzählkreis allmählich an eigene erste Erzählversuche annähern. So zeigen Beobachtungen, wie Kinder erst nach einer längeren Zeit das Ankündigungsbrett, das sie stets mit Interesse als Zuhörer betrachtet hatten, dann als Erzähler nutzten. Endlich trauten sie sich, eine Geschichte anzukündigen und nutzten noch nach der Ankündigung unterstützende Beratung vonseiten der Lehrerin oder anderer Kinder. Aufgeregt, aber zuversichtlich fanden sie sich schließlich im Erzählkreis ein.

Von einem anderen Kind wird berichtet, dass es – im Erzählkreis zunächst zurückhaltend – den Weg über das Ankündigungsbrett wählte, um dort eine erfundene Geschichte mit einem Bild-Wort-Cluster anzukündigen. Durch die vielen Vor-Anfragen der anderen Kinder nach dieser Geschichte wurde es so ermutigt, dass es im Kreis regelrecht aufblühte.

Für den Lehrer oder die Lehrerin ergeben sich aufgrund sensibler Beobachtung solcher Annäherungsprozesse vielfältige Möglichkeiten zur behutsamen Ermutigung und für positives Feedback. Sie können dabei auch Lernmodell für alle Kinder sein.

Formen der Ankündigung:

Für die Ankündigungen auf dem dafür vorgesehenen Brett können die Kinder ganz verschiedene Formen nutzen. Am einfachsten sind kleine Ankündigungszettel, auf denen lediglich mitgeteilt wird, wer eine Geschichte wann erzählen möchte.

Diese Zettel werden in zwei kleinen Pappkästchen direkt am Ankündigungsbrett angeboten; alle können sie nutzen.

Darüber hinaus können kleine inhaltliche Hinweise in Form von Texten, von Bild-Clustern oder Bild-Wort-Clustern auf das Thema der Geschichte gegeben werden. Es kann Spannung erzeugt werden, und zwar durch

Hallo, liebe Kinder!
Ich möchte euch eine
Geschichte erzählen.
☐ Mittwoch, 1. Stunde
☐ Freitag, 5. Stunde

_ _ _ _ _ _ _ _ _ _ _ _ _ _ _ _ _ _
(Unterschrift)

Hallo, liebe Kinder!
Wir möchten euch eine
Geschichte erzählen.
☐ Mittwoch, 1. Stunde
☐ Freitag, 5. Stunde

_ _ _ _ _ _ _ _ _ _ _ _ _ _ _ _ _ _
_ _ _ _ _ _ _ _ _ _ _ _ _ _ _ _ _ _
(Unterschriften)

kleine, rätselhafte Andeutungen, durch Preisgabe von Anfängen und Schlüssen oder durch markante Details, durch Vorgabe der Überschrift, durch Hinweise auf die Hauptfigur etc. Außerdem kann richtiggehend Werbung für die kommende Geschichte gemacht werden.

Wichtig ist auch, dass alle im Erzählkreis versammelten Kinder sowie Lehrerin oder Lehrer vorher erfahren, wer eine Geschichte erzählen möchte und wie lange sie vermutlich dauern wird. Folgender Ankündigungsmo-dus hat sich dabei bewährt:

Mitten im Erzählkreis steht eine kleine Schüssel mit großen und kleinen Plastikchips (nur eine Farbe).

Wer etwas erzählen möchte, legt einen Plastikchip vor sich auf den Boden. Ist die Geschichte kurz, sollte es ein kleiner Chip sein. Ist die Geschichte lang, sollte es ein großer sein. Dann wissen alle Bescheid und können sich darauf einstellen.

5. Große Handpuppe als Lernmodell der Zuhörerin

Die großen Handpuppen haben ein Klappmaul mit beweglicher Zunge sowie bewegliche Arme und Hände, in die der Spieler bzw. die Spielerin die Hände und Arme stecken und dann mit ihnen agieren kann.

„Albert" und „Mathilde" wurden nicht als spielende und redende Puppen verwendet, sondern – aufgrund von ersten Erfahrungen in der Sonderschule für Sprachbehinderte und auch im Kindergarten – als Lernmodelle eines Zuhörers oder einer Zuhörerin eingesetzt.

Beim ersten Einsatz von „Albert" im Erzählkreis einer Sonderschule zeigte sich, dass die Kinder lieber der Puppe ihre Geschichten erzählten als dem Lehrer oder der Lehrerin, obwohl sie sahen, dass die Puppe von den Erwachsenen geführt wurde und nur mit sparsamen Gesten (Nicken, Mund wie zum Lachen aufsperren, Kopf schütteln und Gesicht verziehen) auf den Inhalt der Geschichten reagierte.

Alle beteiligten Lehrerinnen und Lehrer berichteten von ihrem Eindruck, dass die jeweilige Sprachbehinderung weniger deutlich zum „Ausdruck" kam als beim „normalen" Erzählen im Kreis. Die Kinder holten aus eigenem Antrieb „Albert" zum Erzählkreis und sahen während des Erzählens auch ausschließlich die Puppe an.

Spätere Erfahrungen aus dem Kindergartenbereich zeigten ähnliche Vorlieben der Kinder: „Albert" lag morgens in der Erzählkiste und „schlief". Wenn die Kinder in den Kindergarten gebracht wurden, fragten sie sogleich, ob „Albert" denn schon „wach" sei. Sie wollten ihm ihre neuesten Geschichten erzählen.

Im Erzählkreis sahen sie beim Erzählen ausschließlich „Albert" an. Vielfach bereiteten sie ihre Geschichten ausdrücklich für „Albert" vor und waren mit den sparsamen Gesten zufrieden, die „Albert" hervorbringen kann. Durch diese Erfahrungen ermutigt, setzten wir „Mathilde" in der Grundschule ein, und zwar vorzugsweise in ersten Klassen und beim Aufbau einer Erzählkultur bzw. eines Erzählkreises.

Oftmals bringen Grundschulkinder die zur befriedigenden demokratisch verfassten Kommunikation im Unterrichtsgespräch bzw. im Erzählkreis notwendigen Standards nicht mit, sondern müssen sie im Verlauf der Grundschulzeit erst erwerben.

Kleinen Kindern fällt insbesondere das Zuhören beim Geschichtenerzählen schwer, was im Erzählkreis zu zahlreichen „Unterbrechungen" und „Verstößen" (bei entsprechend benannter Regel!) führt.

Die oft übliche Reihenfolge von „Verstoß" – „Sanktion" (Rüge) – Belehrung unterbricht ebenfalls das Geschichtenerzählen und zerstört, wenn sich Verstöße häufen, die gesamte Atmosphäre.

Alternativen bieten die großen Handpuppen. Mit ihnen ist es möglich, im Erzählkreis auch ohne viele Worte, durch stumme Zeichen und Gesten Verständigung über das jeweils Notwendige entstehen zu lassen (siehe dazu auch Claussen, C.: Stille im Klassenzimmer. In: Praxis Grundschule 1997, Heft 1, S. 4 ff.).

Wenn die große Handpuppe „Mathilde" mit im Kreis saß, sahen die Kinder sie an. „Mathilde" fungierte als „Lernmodell" einer Zuhörerin und gab wenige, aber eindrucksstarke, d. h. im Sinne der Erzählkultur wirksame Signale (im Sinne der Absprachen), die – weil sie so einfach und verständlich waren – von den Kindern akzeptiert wurden.

Wenn sie beispielsweise hören, dass ein Kind von seinem Hund oder seinem Goldfisch erzählt und sie selbst auch einen Hund oder Goldfisch haben, drängt es sie, ihre spontanen Assoziationen dazwischen zu rufen. Selbst wenn eine von ihnen bisher akzeptierte Gesprächsregel dies verwehrt, kann ihnen jeder ansehen, dass „es" sofort aus ihnen heraus möchte.

Wenn „Mathilde" dann auf sie zeigt und eine bestimmte Geste macht (s. Beispiel 4, S. 22), bedeutet dies: „Lass deine Geschichte noch ein bisschen drin, hab' noch ein bisschen Geduld!" Das half vielen Kindern im Erzählkreis in dieser Situation recht gut.

„Mathilde" als „Lernmodell" einer Zuhörerin hilft vor allem beim Aufbau von Standards für eine Erzählkultur in einer Klasse. Vielfach bleibt sie aber auch nach dieser ersten Phase ein für die Kinder wichtiger Teil ihres Erzählkreises.

Beispiel 1: „Mathilde" hält mit einer Hand ihren großen Mund zu. Für die Kinder bedeutet es: Wer zuhört, darf selber nicht reden. Bevor „Mathilde" dieses Zeichen gibt, zeigt sie mit ihrem eindrucksvollen Zeigefinger auf jenes Kind, das nicht nur zuhört, sondern auch spricht.

Beispiel 3: „Mathilde" droht mit dem Zeigefinger. Einen Regelverstoß, der auf diese Weise stumm geahndet wird, akzeptieren die Kinder in der Regel sofort. Auffällig ist zudem, dass ein solches Signal auch weniger soziale Folgen in der Kindergruppe zu haben scheint.

Beispiel 2: „Mathilde" hält eine Hand ans Ohr. Dieses Signal bedeutet ebenfalls: Hör genau hin, hör genau zu. Bevor „Mathilde" dieses Signal gibt, zeigt sie mit dem Zeigefinger auf das gemeinte Kind.

Beispiel 4: „Mathilde" streicht mit einer Hand langsam vom Hals über die Brust nach unten und wiederholt dieses mehrmals.

6. Finger- und Handpuppen

Unter Anregung verschiedener, teils gekaufter, teils selbst gefertigter Hand- und Fingerpuppen denken sich Kinder gerne Geschichten aus und benutzen sie dann beim Erzählen. Finger- und Handpuppen gehören deshalb auch zu den Erzählmaterialien. Sie

— lösen Ideen für Geschichten aus,
— geben Impulse für Geschichten,
— setzen Anfänge für Geschichten (später auch durch Kombination mehrerer Puppen auf mehreren Händen),
— erinnern (vor allem auch bei „klassischen" Finger- und Handpuppen) an erzählende Spielstücke, an spezifische Erzählgattungen und an spezifische thematische Rahmen (welche die Kinder kennen gelernt haben) und
— sind doch zugleich offen für das Ersinnen eigenständiger Geschichten und Erzählweisen der Kinder, zumal dann, wenn die Kinder die Puppen selber hergestellt haben.

Es liegt also nahe, den anderen Erzählmaterialien für die offene Erzählwerkstatt Finger- und Handpuppen hinzuzufügen, d. h. sie im Erzählregal bzw. in der Erzählkiste ständig verfügbar zu halten.

Zahlreiche Erfahrungen zeigen, dass sich Finger- und Handpuppen vor allem auch für die Anfänge des Erzählens in „geselliger Praxis", d. h. in Partner- und Kleingruppen eignen.

Beispiel 1: Die Igel-Handpuppe

Kaum hat die Lehrerin ihre neue erste Schulklasse begrüßt und den Erzählkreis eingerichtet, kommt die Igel-Handpuppe, die einfach auf eine Hand gezogen wird, „ins Spiel".

Diese Igel-Handpuppe steht für viele andere denkbare Alternativen, z. B. Hunde, Raben, Frösche, Affen, Mäuse, Fliegen.
Die Igel-Handpuppe stellt sich – auf die Hand von Lehrer oder Lehrerin gezogen – selbst vor und beginnt Gespräche mit den Kindern, stellt viele Fragen, gibt Antworten auf Kinderfragen, spielt überraschend oder

auch verabredet Rollen (den Schlauen, den Lustigen, den Dummen, den Dümmsten von uns allen, den Ehrlichen, den Lügenbold etc.). Dann aber geht die Igel-Handpuppe auf die Hände der Kinder über. Zunächst übernehmen sie jene Kinder, die zuerst nach ihr greifen, später auch die Zögerlichen.
Die Puppe wird Bestandteil des Erzählkreises. Sie bezieht immer mehr Kinder ein.
Aus den ersten Dialogen werden erste Geschichten (drei oder vier Sätze lang), die in mehrfacher Hinsicht interessant sein können:

— Zum einen kann es eine Geschichte mit einem realen oder einem ausgedachten Igel sein, wofür die Handpuppe nur den Impuls gibt und dann auch nur als „bewegte Illustration" genutzt wird.
— Zum anderen kann es eine Geschichte sein, in der sich ein Kind mit dem vorhandenen Igel (der Igel-Handpuppe) identifiziert und in die Rolle des Tieres schlüpft („Ich wär' der Igel!"). Mithilfe der Handpuppe erzählt das Kind eine Geschichte, in der es Reales, Erdachtes, auch Persönliches „mischt" und dabei auch eigene Sichtweisen einbezieht und bisher Unausgesprochenes einmal ausspricht.
— Zum Dritten kann es eine fiktionale Geschichte sein, bei der die Igel-Handpuppe als Medium für die frei schweifende Fantasie (mit wenigen realistischen, quasi unvermeidbaren Details) agiert, als fantastische Transformation der Realität.

Zur Genese solcher erster kleiner Geschichten im Erzählkreis sind drei wesentliche Bedingungen notwendig:

— Die Handpuppe muss stets für die Kinder verfügbar sein, damit sie immer dann, wenn sie sich Geschichten mit ihr ausgedacht haben, nach ihr greifen und mit ihr erzählen können. Konkret: Die Handpuppe liegt in einem kleinen Körbchen oder in einer Schachtel am genau verabredeten Platz im Erzählregal.
Zweckmäßig ist der fest verabredete Termin für einen Erzählkreis im Klassenstundenplan der Kinder und die nach und nach aufgebaute Gewohnheit, dass dort „mitgebrachte" Geschichten erzählt werden können. Die Kinder sollten wissen, dass von ihnen Geschichten erwartet werden.
— Im Erzählkreis am Schulanfang kommt es darauf an, dass alle ersten Versuche zum Erzählen ein positives Feedback erhalten. Auch sollten alle Kinder im Erzählkreis erlernen, wie ein positives Feedback aussieht („Lernmodell" Lehrerin bzw. Lehrer), wie man sich fühlt, wenn man es gibt, und wie man sich fühlt, wenn man es bekommt.
— Es gibt viele Situationen im Grundschulunterricht, in denen spontan erzählt werden kann. Im Erzählkreis

hingegen sollten die vor-bedachten Geschichten überwiegen; d. h. die Kinder sollten lernen, wie sie eine Geschichte „im Kopf" rechtzeitig vorher planen und vorbereiten können, um sie dann im Kreis erfolgreich erzählen zu können.

Dieser zeitliche Abstand zwischen Vorbedenken und Erzählen (zunächst allein, später mit anderen zusammen), dieses sich „innerlich" mit seiner Geschichte Beschäftigen ist der Anfang von kultivierter Oralität und Literalität sowie einer schulisch organisierten Erzählwerkstatt.

Dabei ist es prinzipiell unerheblich, wie lange diese Planungsphase dauert. Aus der Praxis ist bekannt, dass insbesondere langsamere Kinder eine größere Zeitspanne benötigen, um sich eine Geschichte innerlich zurechtzulegen.

Da bei Geschichten mit Finger- und Handpuppen und zudem bei freier Wahl des Erzählgegenstandes persönliche Zu- und Abneigungen starken Einfluss haben, sollte den Kindern eine große Anzahl höchst unterschiedlicher Finger- und Handpuppen angeboten werden. Je breiter die Angebotspalette ist, desto eher finden alle Kinder ihren Zugang bzw. eigene Ideen für eine Geschichte.

Beispiel 2: Holzfingerpuppen

Holzfingerpuppen, die gut auf die kleinen Finger der Grundschulkinder passen und wegen ihres geringen Gewichts leicht bewegt werden können, erweitern die Möglichkeiten der Kinder zum Geschichtenerfinden und -erzählen deutlich.

Figuren wie Oma, Kasper, Teufel, Räuber, Hexe, wie der lachende und der melancholische Clown oder das Krokodil regen zu fantasievollen Geschichten an.

Die Holzfingerpuppen, die teilweise aus dem klassischen Kasperle-Theater stammen, erhalten erfahrungsgemäß von den Kindern dann – wenn sie frei wählbar zu Verfügung stehen – eigenständig definierte „Rollen", die allerdings oft „Zitate" erkennen lassen.

Zunächst verwenden die Kinder alle Holzfingerpuppen einzeln. Ihre Geschichten binden die gewählte Puppe oft in den Kinderalltag ein und verbinden Realität und Fiktion.

Als Steigerung folgt dann die Kombination zweier Puppen zu Dialog-Geschichten, die sich zumeist um eine reale oder fiktionale „Sache" bzw. um ein Ereignis drehen, das für beide Puppen(Spieler) bedeutsam ist.

Beispiel für eine Dialog-Geschichte mit zwei Fingerpuppen:

Räuber trifft Oma:
Halt, Oma, Geld her!
Guten Morgen, Räuber!
Oma, Geld her!
Guten Morgen, Räuber! Willst du 'nen Kakao?
Oma, Geld her!
Guten Morgen Räuber, warum sagst du immer: Geld her?

Oma, ein Räuber sagt immer: Geld her!
Musst du aber nicht!
Muss ich nicht?
Nein, musst du nicht!
Wie schön, Oma … dann gib mir – bitte – einen Kakao!
Räuber, du kriegst einen Kakao!
Hmmm!
Ich hab' auch gar kein Geld!

Mit kleinen Fingerpuppen können die Kinder auch Impulse und Ideen aus den Medien aufnehmen und z. B. mit Käpt'n Blaubär und Hein Blöd eigenständige Geschichten weiterspinnen, in denen die vorgegebene Rollenverteilung zwar bestehen bleibt, jedoch fantasievoll durchbrochen und nach eigenen Ideen weitergeführt wird.

Grundschulkinder können durchaus den Unterschied zwischen Geschichten aus dem Fernsehen und selbst gestalteten Geschichten mit den gleichen Puppen formulieren: „Beim Fernsehen muss ich so denken wie Käpt'n Blaubär und Hein Blöd. Wenn ich sie in der Hand habe, tun sie, was ich will!"

Der folgende Text wurde in einer Erzählwerkstatt als Text- und Bildimpuls für eine Dialoggeschichte mit Käpt'n Blaubär und Hein Blöd aufgegriffen und (in deutlicher Anlehnung) frei gestaltet:

KB: Was guckst du so traurig?
HB: Ich bin ja auch traurig.
KB: Warum denn?
HB: Mein Goldfisch tut nicht, was er soll.
KB: Was tut er denn nicht?
HB: Er kräht nicht.
KB: Ein Goldfisch kräht doch nicht.

HB: Er soll aber!
KB: Was hast du gemacht?
HB: Ich hab' ihm vorgekräht.
KB: Wie oft denn?
HB: 478-mal.
KB: Und dann?
HB: Dann hat er auf einmal drei Eier gelegt.
KB: Eier?
HB: Hühnereier. Richtige Hühnereier.
KB: Und was machst du morgen?
HB: Morgen bring' ich dem Goldfisch Auto fahren bei!
(Nach einem Text von Marcel, 10 Jahre, aus Eva Maria Kohl, Zauberstift 2, Berlin 1993, S. 26)

Eine weitere Steigerung des Anspruches in der Erzähl-werkstatt ist die Einbettung von Dialogen in einen Er-zählrahmen. Konkret bedeutet dies z.B., dass in einer Dreiergruppe zwei Fingerpuppenspieler die Dialoge ge-stalten und ein drittes Kind den Anfang, das Ende und die moderierenden Teile zwischen den Dialogen er-zählt.

Beispiel 3: Selbst gefertigte Fingerpuppen aus Filmdöschen

Der besondere Reiz solcher selbst gefertigter Finger-puppen besteht darin, dass die Kinder nicht an „klassi-sche" Vor-Bilder gebunden bleiben, sondern sich Pup-pentypen schaffen können, die sie für ihre Geschichten brauchen. Deshalb gehört entsprechendes Rohmateri-al samt Herstellungsanleitung mit in das Angebot einer Erzählwerkstatt.
Außerdem kostet das Rohmaterial – im Gegensatz zu den fertigen Puppen – fast nichts.

Material: Filmdöschen, Stoffstücke, Watte, Wollreste, Bunt- und Tonpapier, Kleber.

①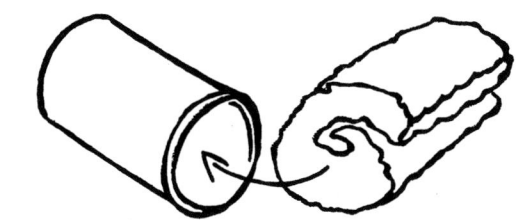

Ein Stück Watte rollen und in das Filmdöschen stecken. Mit dieser Watterolle sitzt das Filmdöschen fest auf dem Zeigefinger.

②

Augen, Nase und Mund werden aus Buntpapier ausge-schnitten und aufgeklebt.
Haare werden aus Wollresten geschnitten und aufge-klebt.

③

Ein kegelförmiger Hut aus Tonpapier kommt oben auf die Haare.

④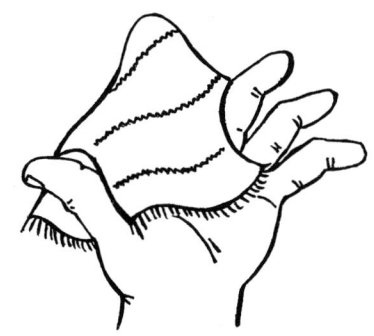

Ein quadratisches Stück Stoff wird über den Zeigefinger gelegt.

Das Filmdöschen wird oben auf den Stoff und auf den Zeigefinger gesteckt ... und fertig!

Beispiel 4: Leichte Fingerpuppen aus Filz

Die nachfolgend skizzierten Fingerpuppen (verschiedene Tiere wie Dackel, Küken, Vogel, Huhn, Hahn sowie Menschen- und Märchenfiguren) sind aus farbigem Filz gebastelt. Da sie sehr leicht sind, eignen sie sich gut für kleine Kinderfinger und können auch leicht geführt werden.

Abb.: Filzfingerpuppen

Beispiel 5: Figuren zum Erzählen

Unbedingt müssen in diesem Zusammenhang auch jene Puppen und Figuren erwähnt werden, die – da sie weder auf die Hand oder auf einen Finger gezogen, sondern nur z. B. von hinten mit der Hand umfasst werden können – beim Erzählen einfach mitbewegt werden, dabei aber die Aufmerksamkeit aller Zuhörer auf die erzählte Geschichte lenken. Diese Art des Geschichtenerzählens eignen sich die Kinder erfahrungsgemäß früh an, z. B. schon im Kindergarten und führen sie dort auch schon bis zu Dialog-Geschichten weiter. Es gilt dabei die einfache Regel: Wer etwas sagt, wackelt ein bisschen!

Diese Art des Erzählens sollte in einer Erzählwerkstatt unbedingt aufgegriffen und durch das Angebot von spezifischen Puppen bzw. durch Impulse für Dialoggeschichten hinsichtlich des Anspruches gesteigert werden, z. B. Dialoge zwischen Vater Teufel und Sohn Teufel, Mutter Hexe und Tochter Hexe etc.

Abb.: Figuren zum Erzählen

Beispiel 6: Kleine braune und weiße Mäuse – Fingerpuppen

Spezielle Fingerpuppen wie unten abgebildet folgen, da sie genau auf den Zeigefinger passen, der Bewegung des einzelnen Fingers und erzeugen mit dem ganzen „Körper" einen lebendigen Eindruck. Sie eignen sich gut für Dialog-Geschichten eines Erzählers.

Falls sie von Partnern zum Erzählen genutzt werden, muss die „Sache" oder das Ereignis, um das es geht, vorher verabredet werden.

Abb.: Braune Mäuse

partikel gleich abgesaugt werden. Danach können die Styroporkugeln mit Fell, Wolle, Papier, Knöpfen, Bändern, Korken, Deckfarben, Plakatkarton und ähnlichen Materialien zu Puppenköpfen gestaltet werden.

Ihr Reiz besteht – ähnlich wie bei den Fingerpuppen aus Filmdöschen – darin, dass sich die Kinder die Puppentypen selbst schaffen können, die sie zum Erzählen brauchen.

Der „Körper" der Puppe besteht aus einem Fingerhandschuh, auf dessen Mittelfinger die Styroporkugel gesteckt wird.

Mit verschiedenfarbigen Handschuhen und Handschuhen aus unterschiedlichem Material (z. B. Leder, Gummi) sowie mit kleinen Tüchern, Bändern, Schnüren, o. Ä. lassen sich vielfältige Kleider- und Rollenwechsel inszenieren.

Deshalb: Rohmaterial und Herstellungsanleitungen in der Erzählwerkstatt anbieten.

Beispiel 7: Selbst gefertigte Handpuppen aus Styroporkugeln und Fingerhandschuhen

Bastelgeschäfte bieten Styroporkugeln unterschiedlicher Größe an. Sie eignen sich gut für die Herstellung leichter Handpuppen. Mit einer spitzen Schere wird ein Fingerloch in die Kugel gebohrt, am besten vor eingeschaltetem Staubsauger, damit die kleinen Styropor-

Abb.: Teile der Puppe

Abb.: Puppe auf der Hand

7. Erzählen mit selbst gemachten Flachfiguren

Ähnlich wie die sog. Fibelkinder oder Fibeltiere, die immer wieder zentrale Figuren von Texten werden (daher stammt auch die Idee!), können übernommene oder selbst geschaffene Flachfiguren aus Papier, Pappe, Sperrholz und ähnlichen Materialien im Mittelpunkt eines thematischen Rahmens stehen und vielfältige Anlässe zu ganz unterschiedlichen Geschichten liefern.

Die Figuren werden auf Papier entworfen, d. h. mit schwarzem Filzstift konturiert und gegliedert und anschließend mit Buntstiften, Wasserfarben, Wachsmalkreiden u. Ä. ausgemalt oder aber aus verschiedenen Tonpapieren zusammengesetzt und -geklebt. Falls mehrere Figuren im gleichen thematischen Rahmen vorgesehen sind oder Gegenstände zugeordnet werden sollen, müssen vor ihrer Herstellung die Größenverhältnisse verabredet und festgelegt werden. Alle Figuren werden anschließend auf dünne Pappe geklebt, sorgfältig ausgeschnitten und in einem geeigneten Behältnis aufbewahrt.

Mit den Flachfiguren aus Pappe können dann auf einem Tisch Bild-Cluster gelegt bzw. an einer magnethaftenden Tafel oder an einer Papiertafel (mit Klebeband) Bild-Cluster gestaltet werden. Bild-Cluster sind Anordnungen von Bildern, die für das mündliche Erzählen ausgewählt, vorbereitet und dann durch den Erzählvorgang selbst miteinander in Beziehung gebracht werden. Beispiel: Das Bild eines Eimers und einer Angel werden zusammen mit dem Bild einer kleinen Indianerin, eines Zeltes und eines Feuers sowie mit dem Bild eines Flusses zum Kern einer Geschichte.

Als wichtiges Merkmal (etwa auch im Vergleich mit den Reizwortgeschichten) muss hervorgehoben werden, dass beim Erzählen mit selbst gemachten Flachfiguren gesammelte oder selbst geschaffene Bildelemente, die auf vielfältige Weise einander zugeordnet werden können, zur Konzipierung einer Geschichte genutzt werden. Wenn außerdem auch noch Wortkarten verwendet werden, kann man von Bild-Wort-Clustern sprechen.

Um eine zentrale Figur herum wird durch die zugeordneten Bildelemente gewissermaßen deren „Welt" bzw. die Figuration eines Ereignisses geschaffen, das dann vielfältig und facettenreich ausgestaltet werden kann. Zugleich wird mit der zentralen Figur und den mit ihr in Verbindung gebrachten Bildelementen ein thematischer Rahmen gesetzt, in dem einzelne Kinder, Partner- oder Kleingruppen unterschiedliche Fokussierungen vornehmen und auch verschiedenartige Geschichten auffinden können. Im gleichen thematischen Rahmen können so mehrere Variationen entstehen, weil z. B. die zentrale Figur von ihren Autoren unterschiedlich ausgestattet und charakterlich „begabt" wird.

Beispiel 1: Die kleine Indianerin

Eine kleine Indianerin als zentrale Figur für den thematischen Rahmen „Indianergeschichten" wird gezeichnet, ausgemalt oder aus Tonpapier collagiert, auf Pappe geklebt und ausgeschnitten.

Als (stets ergänzungsbedürftiges) Inventar ihrer „kleinen Welt", die auch auf eigenständigen Vorstellungen der Kinder sowie auf Erinnerungen aus Lektüren aufbaut, können z. B. folgende Bildelemente dienen: Ein kleiner Hund als Gefährte, ein Korb zum Sammeln, eine Hacke für ihren kleinen Garten, ein Kanu mit Paddel und eine Angel, ein Eimer, ein Bogen mit Pfeilen, eine Kette, ein Zelt zum Wohnen, ein Wald, ein Fluss, ein Garten, das Grasland der Prärie o. Ä.

Selbstverständlich bekommen Indianerin und Hund Namen; alle Bildelemente werden von den Kindern nach ihrem Vermögen und nach ihren Vorstellungen gestaltet und stellen dann die Grundausstattung dar, mit der der Bild-Cluster zusammengestellt und entsprechende Geschichten erzählt werden können.

Durch Begegnungen mit anderen Figuren, z. B. mit den guten und bösen, freundlichen oder gefährlichen Indianer-Figuren der anderen Kinder, lassen sich die Möglichkeiten der Indianerwelt erweitern. Ebenso durch die Begegnung mit einem fremden Indianerjungen, einem Bären, einem Büffel, einem Mustang, einem Biber, einem vorbeiziehenden Medizinmann etc. Aus jeder dieser Begegnungen entsteht eine neue Geschichte.

Wenn der Lehrer oder die Lehrerin den thematischen Rahmen setzt (statt der kleinen Indianerin könnten es auch erprobte Alternativen wie z. B. ein Fisch ähnlich dem „Glitzerfisch" oder eine kleine Seejungfrau ähnlich der „Muldennixe" sein), kann das entweder zusammen mit der ganzen Klasse geschehen, wobei erfahrungsgemäß die Einigung auf eine einzige Flachfigur schwierig wird oder aber der Lehrer richtet einen Vorschlag an einzelne Kinder, an Partner- oder Kleingruppen.

Diese greifen den Vorschlag dann auf ihre je eigene Weise auf, sodass eine Anzahl von verschiedenen kleinen Indianerinnen entstehen kann, mit unterschiedlicher Kleidung, unterschiedlichen (indianischen!) Namen, Charakterzügen, Vorlieben und Ängsten. Aus der Vielfalt der Flachfiguren in einer Klasse können weitere reizvolle Begegnungen, Freundschaften, Bündnisse und auch Konfrontationen entstehen.

Zu mündlich erzählten Geschichten gehören Dokumentationsformen, die gewissermaßen in Kurzform, z. B. in wesentlichen Stichworten, den Erzähltext festhalten.

Einige dieser Kurzformen sollen im Zusammenhang mit dem thematischen Rahmen „kleine Indianerin" – soweit sie sich an dieser Stelle dazu eignen – skizziert werden:

Abb.: Kleine Indianerin

Abb.: Bild-Cluster mit einem Indianerjungen

– Bilder-Cluster und Bild-Wort-Cluster (eine Kombination aus zentraler Figur, einigen Bildelementen und Wortkarten), die Kinder auf einer Wand- oder Papiertafel zusammenstellen und zum freien Erzählen nutzen, lassen sich fotografieren und damit dauerhaft dokumentieren. Die Erfahrung zeigt, dass Kinder die „Geschichte" im Foto wieder erkennen und zeitverschoben aus der Erinnerung erzählen können.
Zwischenbemerkung: Bild-Cluster (auch Bild-Notationen genannt) werden bei entsprechender Anregung bereits im vorschriftlichen Stadium der Kinder, d. h. im Kindergartenalter benutzt. Mit ihrer Hilfe erinnern sich die Kinder an eine am Vortag ausgedachte Geschichte.
Diese Bild-Cluster haben je nach Entwicklung des einzelnen Kindes teilweise eine (für den erwachsenen Betrachter!) chaotische Struktur, taugen aber für den genannten Zweck.
Manche dieser Bild-Cluster haben auch schon lineare Strukturen, d. h. sie zeigen die einzelnen Episoden in einer Ereignisfolge.

– Erzählgeschichten mit linearen Strukturen (z. B. Reihengeschichten mit aufeinander folgenden Ereignissen) lassen sich als „Röhrengeschichte" speichern, d. h. in Stichworten, wasserfest auf quadratische Stückchen von Kunststofffolie geschrieben, in Abständen an eine Schnur gebunden und in einer Papprröhre aufbewahrt (Prinzip des „roten Fadens").

– Den gleichen Zweck kann auch eine kleine Anzahl von Karteikärtchen (DIN A7) erfüllen: Auf jedem Karteikärtchen (fortlaufend nummeriert) wird ein Ereignis der Geschichte in Stichworten kurz dokumentiert. Beim Erzählen werden die Karteikärtchen wie bei einem Kartenspiel von vorne nach hinten gesteckt oder wie ein Kartenfächer gehalten und „abgelegt", wenn der Inhalt erzählt ist.

Bei all diesen Kurzformen des Dokumentierens liegt ein „Erzählgerüst" vor, das beim Erzählen zwar zum genauen Einhalten der Ereignisfolge zwingt, andererseits aber auch viel Freiraum zum fabulierenden Ausgestalten, für neue und andere Redewendungen und für kreative Einfälle lässt. Bei jedem Erzählen fallen die Geschichten ein wenig anders aus. Wenn viele Geschichten in einem thematischen Rahmen entstehen und es von den Kindern gewünscht wird, können die Geschichten aufgeschrieben werden und mitsamt grafischer Gestaltung in einem Buch zusammengefasst werden.
Dieser selbst gewählte, auf ein erreichbares Produkt hin orientierte Übergang aus der „Oralität" in die „Literalität" kann eine ganze Klasse erheblich motivieren und wird zweckmäßigerweise von einer Redaktion aus Kindern und Lehrern bzw. Lehrerin organisiert.
Als Ergebnis steht dann „Unser Buch von der kleinen Indianerin" oder „Unser Indianerbuch" im Regal und wird erfahrungsgemäß immer wieder gelesen.

Abb.: Bild-Cluster einer Schulanfängerin

Beispiel 2: Pexies (Kobolde oder Trolle)

Pexies sind Fantasiegestalten, die, mit einem Steckbrief (nur aus Wörtern, nicht aus Bildern) eingeführt, dann von den Kindern als Naturmaterial-Collagen mit zeichnerischen Ergänzungen auf Pappe gestaltet werden. Als mögliche Alternative bietet sich auch eine Gestaltung von Pexies aus verschiedenfarbigen Tonpapieren an.

Der Steckbrief deutet nur an, gibt nur wenig Konkretes vor und lässt den Kindern so viel Gestaltungsfreiraum. Nur die Körperlänge der Pexies wird vorher genau festgelegt.

Pexies

- sind klein, höchstens 40 cm groß
- leben in Baumlöchern oder zwischen Baumwurzeln
- tanzen gern im Sonnenschein und bewegen sich blitzschnell
- haben spitze Gesichter und lange spitze Ohren
- haben lange strubbelige Haare
- tragen ein kleines Glöckchen am linken Bein
- schlafen von Sonnenunter- bis Sonnenaufgang
- nehmen manchmal die Gestalt von Kröten oder Igeln an
- tragen Kleider und Hüte aus Gräsern, Blättern, Moos und kleinen Federn
- haben nackte grüne Arme, Bein, Füße und Hände
- halten im Winter Winterschlaf
- können alle Geräusche und Stimmen gut nachmachen
- sind boshaft und ärgern gerne große und kleine Menschen, dauernd fällt ihnen Unfug und Schabernack ein, auch Tiere ärgern sie.

Mit den Vorgaben aus dem Steckbrief, der genau gelesen und durchdacht werden muss, collagieren die Kinder dann auf eine aus Wellpappe geschnittene, grün bemalte Grundfigur Kleider, Hüte und Haare aus zuvor gesammeltem, gepresstem und getrocknetem Naturmaterial bzw. aus Tonpapier.

Entstehen in einer Klasse verschiedene Pexies, dann können ihre Namen (z. B. durch die Auswahl gemeinsamer Vokale) besondere Neigungen und Vorlieben, etwa für Schabernack gegenüber Tieren, großen und kleinen Menschen o. Ä. zum Ausdruck bringen.

Abb.: Pexie aus Wellpappe und Tonpapier

Als Vorgehensweise empfiehlt sich die Mind-Map-Methode. Sie schafft zunächst nur die Anhaltspunkte für die eigentlichen Geschichten und regt beim Ausdenken von Unfug und Schabernack die Kinder wechselseitig an.

An den thematischen Mittelpunkt (Pexies) werden zunächst alle einzelnen Gestalten (1. Kreis) angehängt. Sodann wird überlegt, wen sie jeweils am liebsten ärgern (2. Kreis). Schließlich wird darüber nachgedacht, welchen Schabernack Pexies am liebsten mit ihren jeweiligen Opfern treiben (am besten mehrere Möglichkeiten).

Erst danach fällt die Entscheidung, welches Kind, welche Partner- und welche Kleingruppe welche Geschichte übernimmt und für den Erzählkreis vorbereitet.

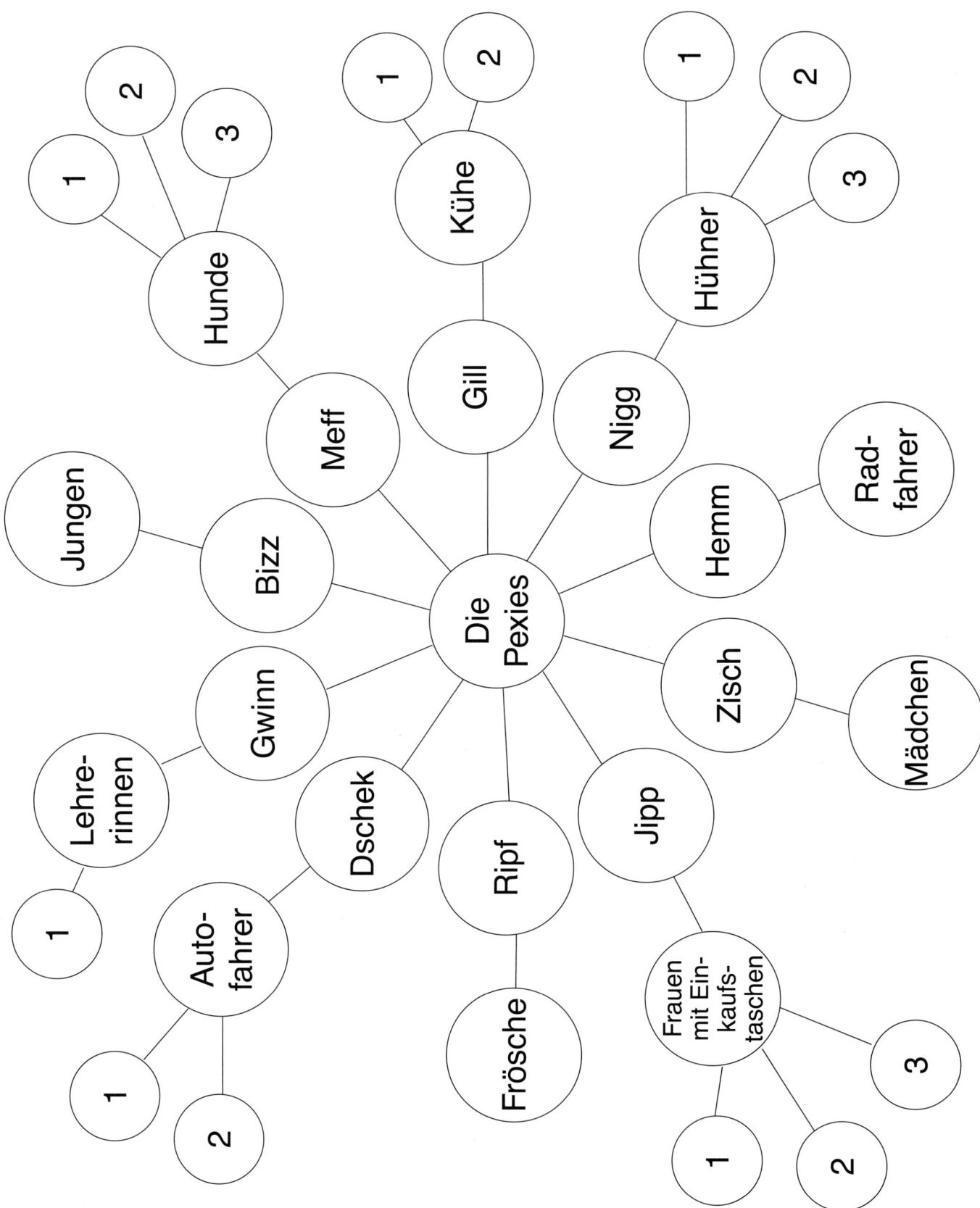

Abb.: Mind-Map-Methode

8. Die Erzählfamilien

Die Idee der Erzählfamilie greift auf Erfahrungen zurück, die mit dem Lesenlernen in einer Fibel zusammenhängen. In vielen Fibeln war oder ist es üblich, die Texte für den Schriftspracherwerb um einzelne Personen oder eine Gruppe von immer wiederkehrenden Personen herum zu organisieren. Ähnlich wie in einer „Fibelfamilie" besteht auch die Erzählfamilie aus mehreren Personen. In dem ausschließlich zum Zwecke der Verdeutlichung gewählten Beispiel gibt es Mutter, Vater, Oma, Opa, zwei Töchter, einen Sohn und einen Untermieter – eine willkürlich erfundene Drei-Generationen-Familie mit Mieter.

Für das Erzählen in der Klasse hingegen ist es ausschlaggebend, dass dort eine oder mehrere und zugleich ganz verschiedene klasseneigene Erzählfamilien von den Kindern geschaffen werden, die als Flachfiguren schon bei ihrer Herstellung wie auch beim Entwerfen von Geschichten Anlässe für zumeist auch sprachliches Aushandeln werden können.

Nach aller Erfahrung ist es relativ mühsam, eine ganze Klasse zur Einigung auf eine einzige Erzählfamilie zu bewegen. Wenn jedoch mehrere Erzählfamilien entstehen, können die Kinder mehr Erzählideen realisieren.

Auf keinen Fall sollte das oben genannte Beispiel übernommen und als „Normalfamilie" vorgegeben werden. Dies entspräche nicht den Realitäten, in denen die Kinder leben. Den selbst gezeichneten und gemalten bzw. durch Auswahl und Kopieren gewonnenen Figuren in der von den Kindern gewünschten Familienkonstellation ist unbedingt der Vorzug zu geben.

Die Kinder einigen sich z. B. auf kleinere und anders zusammengesetzte Familien, es können andere Personen hinzukommen (z. B. Tanten, Onkel, ein Baby). Außerdem können natürlich auch Haustiere wie Hunde, Katzen, Hamster oder Goldfische für die Erzählfamilie eine bedeutsame Rolle erhalten.

Die Erzählfamilien der Klasse, einzelner Kinder, Partner- oder Kleingruppen sollen diese längere Zeit begleiten, stets als Erzählwerkstatt-Angebot verfügbar sein und fortdauernd Anlässe zu neuen Geschichten bieten.

Viele Geschichten mit den Erzählfamilien (überwiegend in Gesprächsform!) sind Alltagsgeschichten ohne dramatische Komplikationen, zumeist ohne Höhepunkte und ohne Spannungsbogen. Sie nehmen vor allem die Erfahrungen der Kinder in ihrem familiären Alltag, aber auch ihre Wünsche und Visionen auf. Beim Erzählen werden diese Erfahrungen gleichsam verdeckt verwendet, d. h. die Kinder müssen nicht offen legen, dass in ihrer aktuellen Geschichte auch persönliche Erlebnisse etwa von einem fröhlichen Nachmittag, einem Fest, einem Unfall, einem Streit, sowie Konflikthaftes oder Belastendes verarbeitet sind. Darüber hinaus können sie auch Wünsche, z. B. nach einem eigenen Zimmer, nach einem Geschwisterchen, nach einem Haustier

und Visionen („So stell ich mir mal meine eigene Familie vor, wenn ich groß bin!") in die Geschichten mit einbringen.

All dies kann mit der Erzählfamilie wiederholt durchgespielt, aber auch variiert, neu und ganz anders als in der Realität weitergeführt werden.

Abb.: Erzählfamilie, gemalt

Folgende Hinweise gelten der Herstellung von Flachfiguren für Erzählfamilien. Zwei Vorschläge haben sich bewährt:

– Die Figuren werden gezeichnet, gemalt oder durch Kopieren gewonnen, auf dünne Pappe geklebt und ausgeschnitten. Sie werden in einem großen Briefumschlag aufbewahrt.

– Die Figuren werden gezeichnet, gemalt oder durch Kopieren gewonnen und auf rechteckige Karten aus Zeichenkarton geklebt.

Der zweite Vorschlag hat den Vorteil, dass die Rückseite der Karten mehr Platz für Informationen über die entsprechende Figur bietet, d. h. auf der Rückseite jeder Karte entsteht quasi ein Steckbrief der gemeinten Person, der später beim Geschichtenerfinden berücksichtigt wird. Zum Steckbrief gehören der Name, das Alter, die Eigenschaften und Merkmale sowie die Beziehungen zu den Familienmitgliedern. Er ist stets Ergebnis eines inhaltlichen und sprachlichen Aushandlungsprozesses.

Die Erfahrung zeigt, dass die Kinder beim „Erschaffen" einer Person Wunsch- und Lieblingsnamen aus ihrer Erfahrungswelt wählen. Auch die Frage unterschiedlichen Alters und die Altersabstände der aufeinander folgenden Generationen spielen eine große Rolle ebenso wie Erfahrungen mit elterlichen Berufen sowie eigene Traumberufe (d. h. auch Visionen und Wünsche).

Gelegentlich werden auch Eigenschaften zugeordnet, die für alle Familienmitglieder gelten sollen, etwa eine lustige, eine blöde Familie, eine Familie, die sich immer streitet etc.

Vater

Mutter

Sohn

Opa

Tochter 1

Oma

Tochter 2

Untermieter

Abb.: Große Erzählfamilie

Für die Erzählfamilien wird noch eine zweite Kategorie von Abbildungen gebraucht, nämlich Alltagsgegenstände, die in alten Büchern, Illustrierten, Werbeprospekten, Katalogen, „Schnippelbüchern" oder auch in Computer-Grafik-Programmen gefunden werden können.

Auf diesen Bildern sollten keine Personen zu sehen sein. Auch diese Abbildungen werden auf Karten aus Zeichenkarton geklebt und in geeigneten Behältnissen aufbewahrt, einer Art nützlichem Bilder-Depot. Bildkarten mit Gegenständen sollten stets kleiner sein als jene mit Personen.

Für die offene Erzählwerkstatt bedeuten die Erzählfamilien konkret, dass die Kinder Familienmitglieder und Familien konzipieren, Bilder von Gegenständen sammeln, dann aus ihrem Bilder-Depot auswählen, Entscheidungen treffen, eine Geschichte entwerfen und aushandeln, Redewendungen für den Anfang und den Schluss suchen, sich um treffende Wörter bemühen (d. h. sprachhandeln), diese miteinander verabreden und dabei Ereignisse aus ihren Familien integrieren.

Die entstehende Geschichte wird zunächst im kleinen Kreis (Schülerkonferenz) ausprobiert und schließlich im Erzählkreis vorgestellt.

Mit den Karten für Personen und Gegenstände bzw. mit den Flachfiguren können zur Vorbereitung einer Geschichte Bild-Cluster sowie Bild-Wort-Cluster auf Tische gelegt, an die magnethaftende Tafel geheftet oder auf eine Papiertafel geklebt werden.

Beim Vorstellen von Geschichten mit einer linearen Struktur (d. h. einer deutlich erkennbaren Folge von Ereignissen) im Erzählkreis können die dazugehörigen Karten auch auf der Kreideleiste der Klappwandtafel aufgestellt oder in eine oder mehrere Setzleisten aus Holz eingestellt werden.

Die Funktion der Lehrperson besteht im Wesentlichen darin, dass sie den Begriff „Erzählfamilie" ins Spiel bringt, d. h. Anregungen gibt wie „In den Familien passiert eine ganze Menge!" oder „Von jeder Erzählfamilie können wir Geschichten erzählen!" Sie zeigt auch einmal, wie sich aus den Bildern eine Anordnung und dann eine Geschichte entwickelt.

Als zusätzlichen Anreiz können Lehrerin oder Lehrer Alltagsprobleme in Erzählfamilien hineingeben und auf diese Weise den Anspruch erhöhen.

Beispiele:

- Ein Kind will ein Haustier anschaffen.
- Wer soll die Brötchen holen?
- Wer kehrt die Straße?
- Ein Kind will mehr Taschengeld.
- Der Vater/die Mutter verspätet sich.
- Opa hört neuerdings schlecht.
- Mutter hat Angst vor Spinnen.
- Wer entscheidet über das Fernsehprogramm?

Erzählt wird später im Kreis das, was die einander zugeordneten Bilder von der vorher ausgedachten Geschichte wieder in Erinnerung rufen. Obwohl die aufeinander folgenden Ereignisse festliegen, bleibt doch genügend Freiraum für freies, auch detailveränderndes und neue Einfälle einbeziehendes Erzählen.

Wenn genügend Geschichten entstehen und die Kinder es wünschen, können die Werke auch aufgeschrieben und in einem oder mehreren Büchern zusammengefasst werden. Solche Bücher entstehen über einen längeren Zeitraum hinweg.

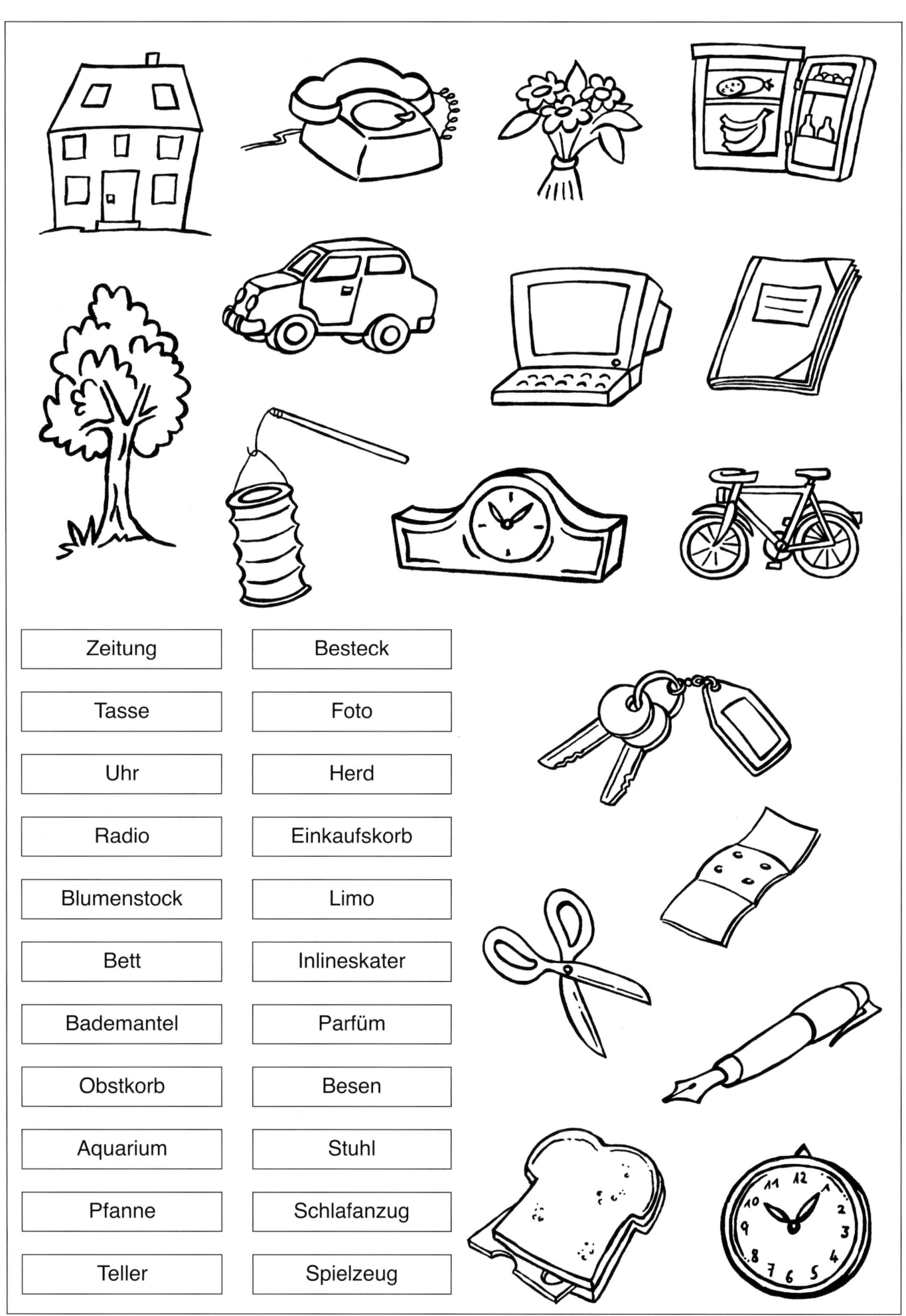

Zeitung	Besteck
Tasse	Foto
Uhr	Herd
Radio	Einkaufskorb
Blumenstock	Limo
Bett	Inlineskater
Bademantel	Parfüm
Obstkorb	Besen
Aquarium	Stuhl
Pfanne	Schlafanzug
Teller	Spielzeug

Abb.: Beispiele für Alltagsgegenstände

Beispiel für eine Geschichte mit der Erzählfamilie

Gestern ist Bodos Hamster abgehauen …

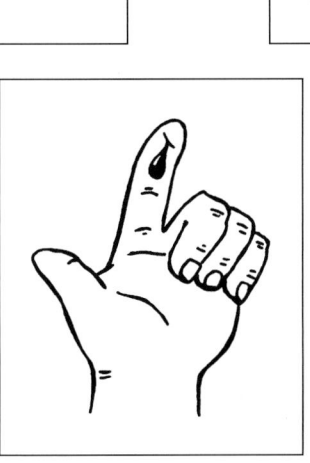

  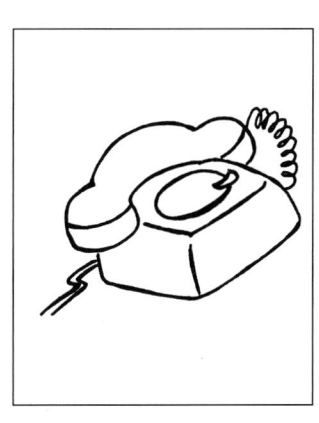

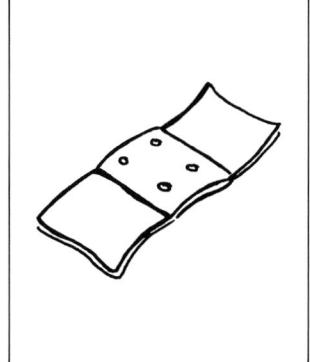

… und der Finger war nach zwei Tagen wieder zugeheilt.

Abb.: Beispiel für eine kleine Geschichte mit der Erzählfamilie

9. Die Cliquen (Kindergruppen von Gleichaltrigen)

Die Erzählsituation, in deren Mittelpunkt die Clique steht, ähnelt in vielem den Erzählfamilien, bezieht sich aber ausdrücklich und im Gegensatz dazu auf Erfahrungen, die Kinder mit Gleichaltrigen gewonnen haben. Ähnlich wie bei den Erzählfamilien werden die Kinder einer Klasse mehrere ganz unterschiedliche, z. B. verschieden zusammengesetzte Cliquen erfinden. Erfahrungsgemäß setzen jüngere Kinder (1. und 2. Schuljahr) eher gemischte Gruppen aus Mädchen und Jungen zusammen, während ältere Kinder (3. und 4. Schuljahr) reine Jungen- oder Mädchengruppen zusammensetzen.

Auch diese Flachfiguren sollen die Kinder längere Zeit begleiten und immer wieder Anlässe für neue Geschichten bieten.

Die erdachten Geschichten sind oft völlig undramatische Alltagsgeschichten ohne Höhepunkte und Spannungsbögen. Sie sind geprägt von den Erlebnissen und Erfahrungen, aber auch von den jeweils eigenen Wünschen und Visionen, z. B. von Erfolg, Anerkennung, Freundschaft, Geborgenheit. Diese Erlebnisse und Erfahrungen werden in den Geschichten allerdings zumeist verschlüsselt oder verdeckt verwendet. Gleichwohl werden diese neu „durchgespielt", variiert und oft auch anders als in der Realität weitergeführt.

Die technischen Hinweise zur Herstellung von Cliquen-Flachfiguren entsprechen jenen bei den Erzählfamilien. Auch hier wird das Aufkleben der Figuren auf rechteckige Karten aus Zeichenkarton bevorzugt, weil auf der Rückseite der Karten genug Platz zum Aufschreiben eines Steckbriefes jeder Figur verfügbar ist.

Zum Steckbrief gehören Name, Alter, Merkmale, Eigenschaften, Vorlieben, Abneigungen sowie die Beziehungen zu den anderen Mitgliedern der Clique. Der fertige Steckbrief ist stets Ergebnis eines inhaltlichen und sprachlichen Aushandelsprozesses.

Auch zu den Flachfiguren der Clique werden mit Blick auf entsprechende Bild-Cluster für das Erzählen zusätzliche Bildkarten mit Gegenständen o. Ä. benötigt. Sie werden aus alten Büchern, Werbeprospekten, „Schnippelbüchern" und Computer-Grafik-Programmen gewonnen, durch Kopieren vervielfältigt und in einem Bild-Depot gesammelt.

Mit den Karten für die Personen und Gegenstände können Entwürfe für Geschichten als Bild-Cluster gelegt und später, wenn die Geschichte nach Meinung ihrer Autoren „stimmt", aufgeklebt und/oder entsprechend dokumentiert werden.

Die wichtige Funktion von Lehrerin oder Lehrer besteht vor allem darin, die Clique ins Spiel zu bringen, Ziele zu beschreiben und auch zu zeigen, wie sich ein Bild-Cluster zusammenstellen lässt, mit dessen Hilfe eine Geschichte erzählt werden kann.

Als weiterer Anreiz zum Erfinden von Geschichten mit der Clique können Lehrer oder Lehrerin zusätzliche Vorgaben machen, welche die Ansprüche erhöhen.

Beispiele:

- ein gemeinsamer Ausflug mit den Rädern
- ein geheimnisvolles altes Haus
- ein Kinobesuch
- eine Disco organisieren
- einer alten Frau helfen
- Äpfel klauen
- einen mürrischen Nachbarn ärgern
- rumhängen und Eis essen
- Wettrennen auf Inlineskatern
- Unfall beim Baden

Die Kinder der Clique finden bei ihrem Abenteuer rätselhafte Gegenstände oder erleben seltsame Begegnungen. Dabei benutzen sie auch Werkzeuge.

Anhand dieses Bild-Clusters können seine Autoren die Geschichte vom Abenteuer im alten Haus erzählen.

Auch bei der Herstellung des Bild-Clusters nicht beteiligte Personen können, sofern die Gegenstände auf den Bildkärtchen prägnant genug sind, eine zumindest ähnliche Geschichte erzählen.

Der Anfang der Geschichte könnte z. B. so lauten: „Schon lange wollten die Kinder wissen, wer wohl in dem uralten Haus an der Eichenstraße wohne. Nie sah man jemanden! Eines Tages beschlossen sie: ,Heute tun wir's!' Und sie schlichen vorsichtig zum Seiteneingang …"

Im Bild-Cluster können auch Ansätze für weiterführende Geschichten aufgefunden werden, z. B. die Truhe und das Buch, Geschichten, die in bisher unentdeckte „Winkel" des Hauses führen etc.

Auch diese Geschichten können – falls die Kinder es wünschen – in Buchform dokumentiert werden.

Jasmin

Christina

Gertrud

Susi

Steven

Kevin

Erwin

Kurt

Katharina

Maria

Abb.: Cliquen

10. Flachfiguren von Lieblingstieren

Im Gegensatz zu den Erzählfamilien und Cliquen ist das Erzählen mit Lieblingstieren auf einzelne Flachfiguren bezogen. Dabei ist auch hier hervorzuheben, dass die gewählten Beispiele und Bilder für den Unterricht übernommen werden können. Noch interessanter und auch motivierender für die Kinder ist es, wenn sie selbst entsprechende Figuren (auch Fotos!) finden, zeichnen oder malen, auf Karton aufkleben und ausschneiden.

Die Beispiele vom schlauen Hündchen Fips und von der listigen Katze Tigerchen verdeutlichen, dass es hier um starke emotionale und andererseits auch fantasievolle Beziehungen zu Tieren geht. Kaum ein Erzählthema verbindet so deutlich Realität und Fantasie.

In der Praxis heißt dies, dass den von der ganzen Klasse (auch von einem einzelnen Kind, einer Partner- oder Kleingruppe) erfundenen oder ausgewählten Tieren reale Eigenschaften der betreffenden Tiergattung zugeordnet werden. Andererseits erhalten sie aber auch zahlreiche besondere Eigenschaften und/oder Fähigkeiten (wie die Kinder sie sich wünschen, wie sie Tierhalter in ihre Tiere hineininterpretieren). Die Komplexität gibt zahlreiche Anlässe für immer neue Geschichten, in denen beispielsweise Fips und Tigerchen teils reale, teils fiktionale Abenteuer erleben.

In die jeweils reale, von Fiktionalem (vom „Hörensagen") durchmischte Ansammlung von Informationen über Tiere fließen natürlich auch persönliche Erfahrungen der Kinder mit ein und prägen die entstehenden Geschichten.

Die Bilder, die Fips und Tigerchen in den gewählten Beispielen umgeben, stammen jeweils aus ihrer „Welt", haben etwas mit ihren Eigenschaften zu tun. Sie werden von den Kindern durch weitere Bilder ergänzt (Blickpunkt: Bild-Cluster oder Bild-Wort-Cluster) und ergeben insgesamt eine Art Steckbrief.

Auf ähnliche Weise wie in den gewählten Beispielen können einzelne Kinder, Partner- oder Kleingruppen Tiere ihrer Wahl finden, ein passendes Bilder-Depot ansammeln und Bild-Cluster oder Bild-Wort-Cluster zusammenstellen, mit deren Hilfe sich die Geschichte mündlich dazu erzählen lässt.

Steckbrief Fips:

Fips spielt gerne mit . . . .

Fips rennt gerne draußen . . . .

Fips frisst gerne . . . .

Fips mag besonders . . . .

Fips mag überhaupt nicht . . . .

Fips hat Angst vor . . . .

. . . .

. . . .

. . . .

Steckbrief Tigerchen:

Tigerchen liegt gerne auf . . . .

Tigerchen schleicht gerne in . . . .

Tigerchen faucht laut, wenn . . . .

Tigerchen frisst gerne . . . .

Tigerchen mag besonders . . . .

Tigerchen hat Angst vor . . . .

Tigerchen hat überhaupt keine Angst vor . . . .

. . . .

. . . .

. . . .

Auch die Tiergeschichten einer Klasse können aufgeschrieben und in einem Buch zusammengefasst werden. Und so hat Esther die Geschichte von „Strubbi" erzählt und in einer linearen Struktur dargestellt (Oehrlein, 1996, Anhang; Nachschrift, unveröffentlicht):

Esther

„Ich erzähl euch jetzt, wie der Strubbi mal weg war.

Der Strubbi ist in seiner Hundehütte und langweilt sich. Plötzlich rollt ein Ball vorbei. Der Strubbi denkt sich: ‚Mit dem könnt ich spielen.‘ Dann spielt er eine Weile damit, dann wird es doch langweilig allein. Dann rollt er den Ball in seine Hundhütte. Er legt sich wieder rein und schaut, ob er was Neues machen kann. Dann plötzlich riecht er irgendwas. Er läuft raus und buddelt am Gras. Dann findet er plötzlich einen Knochen. Er rennt damit im Hof drei Rund'n und dann wird's ihm wieder langweilig.

Dann sieht er plötzlich eine Katze am Waldrand. Dann läuft er hin. Und als er dort ist, jagt er sie. Er jagt sie über den Fluss und über den See. Und die Katze klettert ganz g'schwind den Baum 'nauf. Daheim denkt sich der Opa: ‚Jetzt wollt ich mich grade mal in meine <u>Couch</u> setzen. Aber <u>nein</u>, ich muss wieder schau'n, ob der Strubbi da is' und ob sein Fress'n leer ist.‘ Und dann plötzlich merkt er, dass der Strubbi nicht mehr da ist. Er sagt es der Mutter. Die ruft die Nachbarn an – und keiner weiß, wo Strubbi ist. Niemand weiß, dass er die ganze Zeit unter dem Baum sitzt und auf die Katze wartet. Erst nachts um 11 Uhr gibt der Strubbi auf und kommt wieder heim."

Abb.: Unser Fips

Abb.: Unser Tigerchen

11. Flachfiguren von fremden Wesen

Ähnlich wie bei den Lieblingstieren können auch Flachfiguren von fremden Wesen zum mündlichen Erzählen bzw. zum Ersinnen von Geschichten genutzt werden. Es geht dabei um Wesen wie z. B. Brrrmmpff, von dem niemand genau weiß, von welchem Stern aus dem Weltall es zu uns gekommen ist und wie dies vor sich gegangen ist.

Das Beispiel von Brrrmmpff, einem friedfertigen, freundlichen und schlauen Wesen zielt auf fiktionale Begegnungen, vor allem aber auch auf Verarbeitungsmöglichkeiten für medial vermittelte Eindrücke aus Film und Fernsehen. Beim eigenständigen Ersinnen von Geschichten mit einer derartigen Figur konsumieren Kinder nicht mehr nur passiv das Fernsehprogramm, sondern gestalten selber aktiv, auch wenn sie „zitieren" und Sprachmuster sowie Ereignisfolgen übernehmen. Nicht die Figuren „machen" etwas mit ihnen; die Kinder „machen" etwas mit den Figuren und statten sie zudem noch so aus, wie sie es wünschen.

Die kleinen Bilder im oberen Teil der Abbildung zeigen, wo überall Brrrmmpff wohnt bzw. wo überall es sich versteckt – keiner weiß genau, wo es gerade ist.

Der untere Teil der Abbildung zeigt Konfliktsituationen, in die das fremde Wesen auf ganz verschiedene Weise eingreifen kann, immer mit dem Ziel Frieden zu stiften. Jedes dieser kleinen Einzelbilder könnte Ausgangspunkt für eine mündlich erzählte Geschichte sein.

Analog zum gewählten Beispiel können sich die Kinder selbst solche Wesen ausdenken oder auch aus der Kinderliteratur übernehmen (z. B. „Hanno malt sich einen Drachen" von Irina Korschunow). Sie sammeln Material für entsprechende Bilder-Depots oder stellen sie selber her und legen oder kleben dann Bild-Cluster, Bild-Wort-Cluster oder linear geordnete Strukturen.

Steckbrief Brrrmmpff:

Es ist friedfertig, freundlich und schlau.
Es kommt von einem unbekannten Stern.
Bei ihm ist alles anders.
Es wohnt an ungewohnten Orten.
Es hilft, wenn Menschen und Tiere sich streiten.
Es hilft, wenn jemand wütend oder traurig ist.
Ihm fällt immer etwas ein.

Abb.: Brrrmmpff, das fremde Wesen

12. Erzählen mit Flachfiguren im Papier- bzw. Kartontheater

Alle Flachfiguren (sogar die Pexies) können in einem Papiertheater oder Kartontheater auftreten und dort ihre Geschichte erzählen oder ihren Part in den Geschichten auf besonders eindrucksvolle Weise spielen. Nachfolgend soll beschrieben und gezeigt werden, mit welch einfachen Mitteln ein klasseneigenes Kartontheater aufgebaut werden kann und welch unerschöpfliche kreative Möglichkeiten es für Eigenproduktionen der Kinder birgt.

In den bürgerlichen Familien des 19. und auch noch zu Beginn des 20. Jahrhunderts diente das „klassische" Papiertheater z.B. dem Zweck der Vorbereitung eines Opernbesuches. Verlage boten Ausschneidebögen mit Spielfiguren, mit Kulissen, Bühnenaufbauten und Proszenien an, mit denen – nach entsprechender Bastelarbeit – z.B. „Der Freischütz" im Kleinen und mit Grammophonmusik unterlegt durchgespielt werden konnte.

Für die klassische Form des Papiertheaters gibt es noch heute Reprints im Handel. Viele Beispiele klassischer Papiertheater stehen heute im Museum.

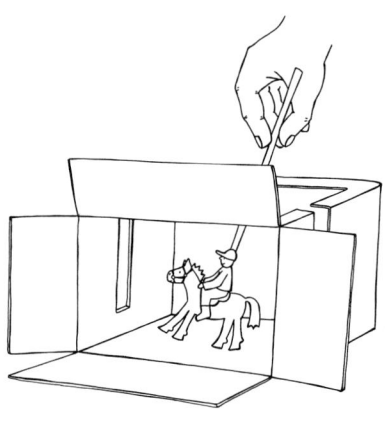

Mit dem Kartontheater für die Grundschule wurde – in Anlehnung an das Papiertheater – ein vielfältig verwendbares Medium entwickelt. Die Kinder erhalten keine Ausschneidebögen, sondern stellen Bühne (aus Verpackungskartonagen), Kulissen, Figuren und Requisiten selber her oder übernehmen Vorlagen aus Kinder- bzw. Bilderbüchern. Dann erarbeiten sie die Erzähl- bzw. Spielstücke sowie die gesamte „Choreografie".

Technische Hinweise für die Herstellung eines Papier- bzw. Kartontheaters:

- Der ausgewählte Karton muss stabil sein.
- Der Karton darf nicht zu klein sein, damit mehrere Kinder mitspielen können.
- Die Schachtel wird aufgeklappt und auf eine Seitenfläche gestellt. Die gegenüberliegende Seitenfläche (oben) wird ausgeschnitten.

- Durch die obere Öffnung werden die Spielfiguren gesteckt und gespielt.
- Wenn Schlitze in die beiden Seitenflächen rechts und links eingeschnitten werden, können die Spielfiguren die Bühne von der Seite her „betreten".
- Die Kartonklappen können mit einfachen Mitteln zu einem Proszenium umgestaltet werden.
- Alternative: Die Kartonklappen werden abgeschnitten; der Karton steht auf seinem Boden. Eine Seitenfläche wird aufgeschnitten und ergibt den Bühneneinblick.

Auch hierbei kann die Vorderseite zu einem Proszenium umgestaltet werden.

- Eine Lampe, die das Papiertheater von oben (u.U. auch von vorne!) beleuchtet und ein abnehmbarer Vorhang ergänzen seine Wirkung.

– Die Kulissen und auch der Hintergrund sollten auswechselbar sein, sodass ein Szenenwechsel schnell geht und das Kartontheater für viele verschiedene Spielstücke genutzt werden kann.

Technische Hinweise für die Herstellung der Spielfiguren: Auf ein gefaltetes Papier- oder Zeichenkartonstück wird die gewünschte Figur aufgezeichnet und wie ein Faltschnitt ausgeschnitten. Beide Seiten können dann bemalt oder beklebt werden, sodass etwa ein Fisch zwei gleiche Seiten bekommt. Figuren sollten entweder Vor- und Rückseite aufweisen, damit sie sich drehen können, oder sie sollten von beiden Seiten im Profil gestaltet sein, damit sie hin- und herlaufen können.

In den aufgeklappten Faltschnitt wird das untere Stück einer – über die Karton- bzw. Bühnenhöhe hinausragenden dünnen Holzleiste eingeklebt (Modellbaukleber). Dann wird die eine Hälfte des Faltschnitts über die andere geklappt und festgeklebt. Mit dem eingeklebten Führungsstab kann die Spielfigur im Kartontheater herumgeführt, gehoben, gesenkt und gedreht werden: Es können alle mit den Flachfiguren möglichen Spielzüge ausgeführt werden.

Hinweis: Will man zu einer selbst gezeichneten oder aus einem Buch übernommenen Figur ein völlig gleiches Profil bekommen, das allerdings in eine andere Richtung blickt, dann hilft der Kopierer oder Scanner.

Fast zu jeder Spielfigur gibt es eigene, charakteristische Spielweisen, in die sich jeder Spieler oder die Spielerin einfühlen muss.

Beispiele: Der Fisch wird langsam geführt, alle Bewegungen im Wasser verlaufen langsam, schwebend.

Der Frosch bewegt sich eher ruckartig, hüpfend.

Die Libelle fliegt zuckend hin und her; erst wenn sie irgendwo sitzen bleibt, wird sie ruhig.

Wichtig ist noch, dass beim Papier- bzw. Kartontheater die Zuschauer die Spielszene „im Kasten" wie auch den oder die Spieler in Aktion sehen können. Im unverdeckten Einblick in das gesamte Spielgeschehen liegt der besondere Reiz des Kartontheaters.

Im Übrigen eignen sich alle beschriebenen Flachfiguren, z. B. die kleine Indianerin, die Pexies, die Mitglieder der Erzählfamilien, der Cliquen, die Lieblingstiere und die fremden Wesen für Kartontheater unterschiedlicher Größe mit situationsspezifisch ausgestalteten Kulissen. Mit einem Kartontheater, das das frei wählbare Angebot in der Erzählwerkstatt ergänzt, können immer mehrere Kinder spielen. Es eignet sich besonders für eine oder mehrere Kleingruppen. Folgende beispielhafte Aufgabenverteilung deutet seine Möglichkeiten an und skizziert weitere Spielakzente:

– ein Kind oder eine Gruppe führt die Figuren;
– ein Kind oder eine Gruppe erzählt die Geschichte;
– ein Kind oder eine Gruppe wechselt Kulissen und Vorhang;
– ein Kind oder eine Gruppe sorgt für die Geräusche.

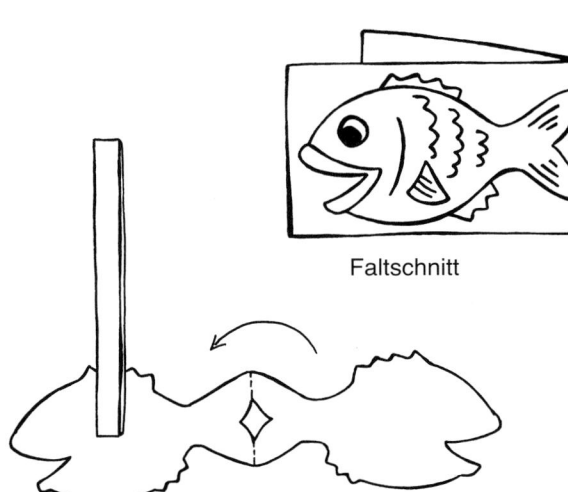

Faltschnitt

Faltschnitt zur Spielfigur montieren

13. Mit Bildern erzählen – Bilder kombinieren und Geschichten erfinden

Farbige und schwarzweiße Situationsbilder, auf denen etwas passiert, lassen sich überall finden, z.B. in alten ausgemusterten Sprach- und Lesebüchern, in Zeitungen, Illustrierten und Kinderbuchprospekten.

Sie können – und auch dies gehört zur Erzählwerkstatt – von Kindern ausgewählt, sorgfältig ausgeschnitten, auf dünne Pappe (z.B. auf Zeichenkarton) aufgezogen und in einem klasseneigenen Erzählbildarchiv gesammelt werden.

Auch sind einzelne Schwarzweiß- oder Farbkopien aus Kinder- und Bilderbüchern geeignete Materialien für das Erzählbildarchiv.

Beispiel 1: Erzählbilder – Bildarchiv

Mithilfe einzelner Erzählbilder können sich Kinder Geschichten ausdenken. Zugrunde liegt der Gedanke, dass jedes Situationsbild (etwa das Bild eines Radfahrers, der durch eine Pfütze fährt) nur einen „eingefrorenen Moment" im Ablauf von aufeinanderfolgenden Ereignissen darstellt. Beim Erzählen mit solchen Situationsbildern geht es deshalb auch nicht um die Beschreibung des auf dem Bild Sichtbaren, sondern um „Verlebendigung", um die Dynamisierung des Statischen.

Ein einfaches Arrangement kann Kindern helfen, Situationsbildern Leben einzuhauchen. Es besteht aus ei-

nem Pappstück mit drei etwa gleich großen Feldern, auf denen lediglich die Ziffern 1, 2 und 3 auf ihre Reihenfolge hinweisen.

Wird ein einzelnes Erzählbild ausgewählt, so wird es auf Position 2 gelegt. Daraus ergeben sich Denkimpulse und Fragen zu „Was war vorher – und was wird nachher?"

Wenn sich – nach präziser Einführung im gemeinsamen Unterricht – das Bildarchiv (das die Kinder ständig ergänzen können) samt Grundmuster im Angebot der Erzählwerkstatt befindet, wählen einzelne Kinder, Partner- oder Kleingruppen diese Materialien aus und konzipieren damit Geschichten für den Erzählkreis.

Dazu kann den Kindern folgendes Verfahren empfohlen werden:

1. Bild genau betrachten.
2. Bild wie in einem Film „im Kopf rückwärts laufen lassen".
3. Ideen und Einfälle notieren (Notizzettel).
4. Bild anschließend wie in einem Film „im Kopf weiterlaufen lassen".
5. Ideen und Einfälle notieren (Notizzettel).
6. Notizzettel links und rechts vom Erzählbild aufkleben und die Geschichte für den Erzählkreis einüben.

Abb.: Radfahrer

Beispiel 2: Erzählbild in verschiedenen Positionen

Ein Erzählbild kann aber auch auf allen drei Positionen liegen. Je nach seiner Position in der Reihenfolge entstehen dann drei verschiedene Geschichten.

Liegt es beispielsweise auf Position 1, so ergeben sich Denkimpulse und Fragen wie: „Was passiert gleich ... und was passiert danach?" Liegt es auf Position 3, ergeben sich Denkimpulse und Fragen wie: „Was war gerade vorher ... und was war noch davor?"

Dazu kann den Kindern folgendes Verfahren empfohlen werden:

1. Einzelbild auf Position 1, 2 oder 3 legen.
2. Je nach Entscheidung die fehlenden Situationsbilder selber malen und in die Reihe einfügen (1 und 3; 2 und 3; 1 und 2).
3. Im Kopf „den Film vor- oder rückwärts laufen lassen".
4. Notizzettel schreiben und an die fertige Bildreihe kleben.
5. Besonders den Anfangs- und den Schlusssatz überlegen.

6. Geschichte für den Erzählkreis vorbereiten und üben.

Besonders reizvoll für die Kinder einer Klasse sind Situationsfotos aus dem Schulleben, auf denen sie selbst bei mehr oder weniger typischen Handlungen im Klassenraum, auf dem Schulhof, beim Ausflug, bei einer Besichtigung etc. zu sehen sind. Dabei ist vorstellbar, dass Lehrer oder Lehrerin solche „Schnappschüsse" herstellen und in einem spezifischen Bild-Archiv sammeln (Einzelbilder, auf Karton aufgezogen) oder aber dass dies die Kinder selbst besorgen. Fantasievolle und absichtlich „gestellte" Fotos von Kindern aus der Klasse erhöhen den Reiz noch, wenn diese „eingefrorenen" Situationsbilder in einer Erzählgeschichte verwendet werden, deren Vorher und Nachher kreativ und frei assoziierend ergänzt wird.

Im Erzählkreis erwarten alle mit großer Spannung, was sich einzelne Kinder oder Gruppen zu den Klassenfotos ausgedacht haben.

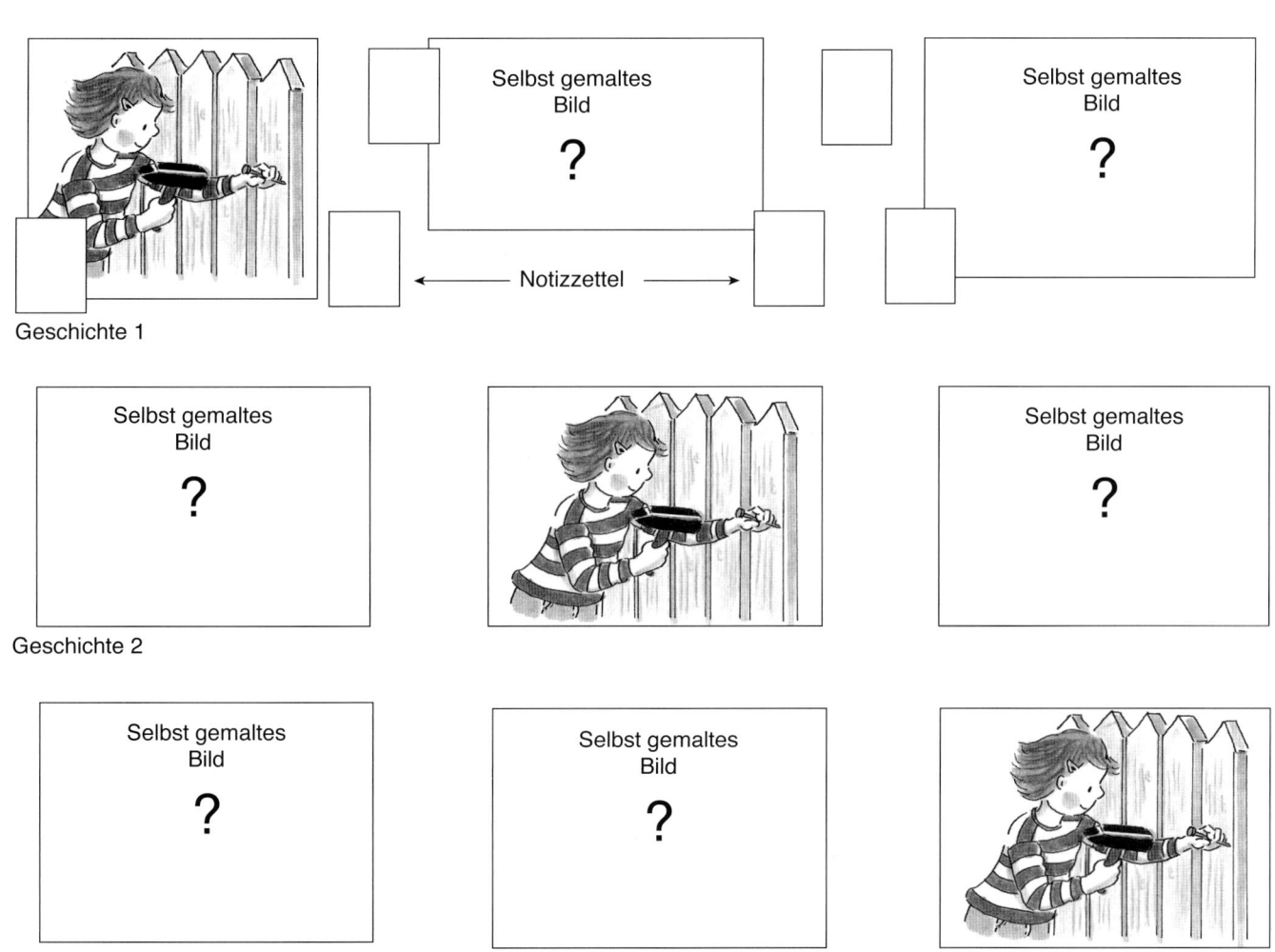

Geschichte 1

Geschichte 2

Geschichte 3

Beispiel 3: Erzählimpulskarten

Verbindet man gesammelte Situationsbilder (schwarz-weiß, farbig, Ausschnitte, Kopien, auch Fotos) mit zusätzlichen Sprachimpulsen (z. B. mit aufgeklebten Sprechblasen) und collagiert außerdem noch verschiedene Bildelemente mit- und übereinander, so erhält man Erzählimpulskarten, die zwar im weitesten Sinne offen bleiben, gleichwohl aber durch die vorgegebene inhaltliche Andeutung eine gewisse Richtung zum Weiterdenken und Weiterfantasieren nahelegen.

Beispielsweise wird in ein alltägliches Bild durch eine Sprechblase etwas Überraschendes, Ungewöhnliches, Witziges hineinprojiziert, das eine fantastische, kreative Veränderung, neue Gedankengänge, gedankliche Sprünge, Träume und Sehnsüchte nach Abenteuern freisetzt, die von den Kindern zu Erzählgeschichten weitergeführt werden können.

Mit anderen Worten: Mit solchen Erzählimpulskarten werden Anfänge für Geschichten gesetzt, die dann nach den Absichten, Vorstellungen und nach dem Vermögen der Kinder weitergeführt bzw. für den Erzählkreis vorbereitet werden können.

Als methodische Verfahren zur Konzipierung einer Erzählgeschichte anhand einer Erzählimpulskarte empfiehlt sich der „rote Faden" (→ S. 84) oder die Arbeit mit Notizzetteln und einem Sprechzettel (→ S. 53).

Abb.: Erzählimpulskarte

Beispiel 4: Erzählporträts

In einem Werkstattgespräch im Zusammenhang mit einem Erzählkreis fragten die Kinder mich, wo denn die Geschichten wären, bevor ich sie erzählte. Meine spontane Antwort: „Sie sind im Kopf!" veranlasste sie zu Fragen wie: „Habe ich Geschichten im Kopf?" ... „Sind in meinem Kopf auch Geschichten?" ... „Haben alle Menschen Geschichten im Kopf?" Als ich nickte, fragten sie sinngemäß weiter, wie sie an diese Geschichten herankämen.

„Man muss sie halt in seinem Kopf suchen", antwortete ich.

Diesen Gedankengang, der alle Kinder faszinierte, griff die Lehrerin der Klasse nach dem Werkstattgespräch mit einer Übung auf. Alle Kinder legten ihre Köpfe auf ihre Arme, schlossen die Augen und suchten in ihren Köpfen nach Geschichten ... und alle fanden eine. Einige erzählten sie, andere schrieben sie auf.

Später, als ich sie nochmals besuchte, sprachen wir – angesichts ihrer eigenen Geschichten – darüber, dass man manchen Leuten ansehen könne, welche Geschichten sie im Kopf hätten.

Das war die Anregung zur Sammlung von Erzählporträts, große, zumeist ausdrucksstarke Bilder (schwarz-weiß oder farbig) aus Zeitungen und Illustrierten.

Die Porträts können auf große Karteikarten (DIN A4) aufgezogen und – lediglich mit einem Hinweiszeichen, etwa in Form einer leeren Sprechblase versehen – im Rahmen der Erzählwerkstatt als Impulse zum Geschichtenausdenken präsentiert werden. Zweckmäßigerweise werden sie in einem entsprechend großen Karton oder in einem Aktenordner aufbewahrt, sodass die Kinder darin blättern und ein Porträt finden können, das sie besonders anspricht.

Wichtig ist, dass die Kinder sich selbst auf die Suche nach solchen Gesichtern machen und die Entscheidung, welche von ihnen in die Sammlung aufgenommen werden sollen, selbst treffen können. Im Rahmen einer Erzählwerkstatt kann die Suche nach Gesichtern als langfristige Aufgabe gestellt werden.

Erfahrungsgemäß wählen Grundschulkinder spontan Gesichter aus, die ihnen sympathisch sind oder bei denen sie eine Stimmung oder Laune vermuten, die sie selbst gerade empfinden.

Oft haben sie bei dieser Auswahl noch gar keine Idee für eine Geschichte und oft nehmen sie für eine Geschichte auch ein Gesicht, das ein anderes Kind mitgebracht hat.

Bei gleichen Erzählporträts fallen den Kindern oftmals ganz unterschiedliche Geschichten ein. Es kommt auf den persönlichen Zugang an, den sie finden.

Exkurs:

Im Zusammenhang mit Erzählimpulsbildern und Erzählporträts hat sich in der Praxis das Verfahren bewährt, **Notizzettel** und **Sprechzettel** zu verwenden.

Wenn einzelne Kinder, Partner- oder Kleingruppen ein Erzählimpulsbild ausgewählt haben, sollten sie sich zunächst ihre Geschichte zurechtlegen und Ideen sammeln.

Ihre Ideen können sie auf kleine Zettel schreiben (z. B. auch auf selbstklebende Notizzettel). Die Notizen sollten prägnante Merkwörter und verkürzte Sätze bzw. Halbsätze enthalten. So, wie sich die Geschichte in einem Aushandlungsprozess allmählich zusammenfügt, gliedert und damit erzählbar wird, können mithilfe der Notizen dann auch alle Einfälle, Ideen und Teile geordnet werden. Die Zettel können dabei von den Kindern so lange verschoben und neu geordnet werden, bis allen die Geschichte fertig zum Erzählen erscheint. Dieser Klärungsprozess kann auch noch spontane Einfälle, Veränderungen und Ergänzungen aufnehmen. Dann werden die Notizzettel in der gewünschten Folge fest auf einen Bogen Papier geklebt.

Auf diese Weise entsteht der Sprechzettel für den Erzählkreis. Er wird immer dann zu Rate gezogen, wenn der Erzählfluss stockt und hilft allen Beteiligten beim Erinnern an die eigenen Vorbereitungen. Sprechzettel legen den Kindern schon während des Vorbereitens nahe, sich den Anfangs- und den Schlusssatz genau zu überlegen. Im Übrigen sind sie nach dem Erzählen im Erzählkreis Grundlage für Kurzformen der Dokumentation mündlichen Erzählens. So können etwa die einzelnen Ereignisse einer Geschichte auf Karteikärtchen geschrieben und in einem Briefumschlag „gespeichert" werden.

Abb.: Erzählporträt

14. Erzählen mit Gegenständen

Merkwürdige, auffällige, rätselhafte und geheimnisvolle Gegenstände erregen bei Kindern Imaginationen, die zu Geschichten weiterentwickelt werden können.
Vor allem in „geselliger Praxis", d.h. in Partner- und Kleingruppen, setzen ungewöhnliche, nicht alltägliche, ja exotisch anmutende Gegenstände kreative und fantasievolle Gedankengänge in Bewegung. Sie sind nicht nur Anfang, sondern Mittelpunkt einer Geschichte. Dazu nutzen die Kinder im Übrigen häufig Zitate aus ihrer Lektüre und aus den Medien.

Beispiel 1: Erzählsteine

Anhand eines Steines mit rätselhaften, jedenfalls nicht lesbaren Schriftzeichen gehen die Gedanken der Kinder in Richtung seines vermuteten Ursprungslandes, das sie selbst erfinden. Sie geben dem Land einen Namen, ersinnen die seltsamen Gewohnheiten seiner Bewohner, erfinden den Besitzer des Steins und vermuten dessen seltsame Wirkungen bei spezifischen Gelegenheiten.
Vielleicht fällt den Kindern ein, wie der Stein „zu uns" gekommen ist. Vielleicht haben sie auch eine Idee, warum der Stein „bei uns" nicht funktioniert, obwohl sie alles Mögliche versuchen, um hinter sein Geheimnis zu kommen. Sie reiben ihn z.B. behutsam mit einem seidenen oder wollenen Tuch oder arrangieren einen besonderen, geheimnisvoll anmutenden Erzählkreis mit Kerzenlicht, abgedunkeltem Zimmer, mit Stille, mit Flüstern.
Ähnlich lassen sich Steine verwenden, die inhaltliche Hinweise geben, etwa abgeschliffene Kiesel aus dem Meer, auf die seltsame Figuren gemalt werden.
Mit ihnen gehen die Gedanken der Kinder zwar auch „auf die Reise", kommen aber auch schneller „auf den Punkt" und drehen sich eher um das abgebildete Tier oder Wesen. Wenn sich in der Erzählwerkstatt eine Schachtel mit derartig verschiedengroßen, nicht gekennzeichneten Kieseln befindet, können sich Kinder Erzählsteine auswählen oder selber herstellen, d.h. et-

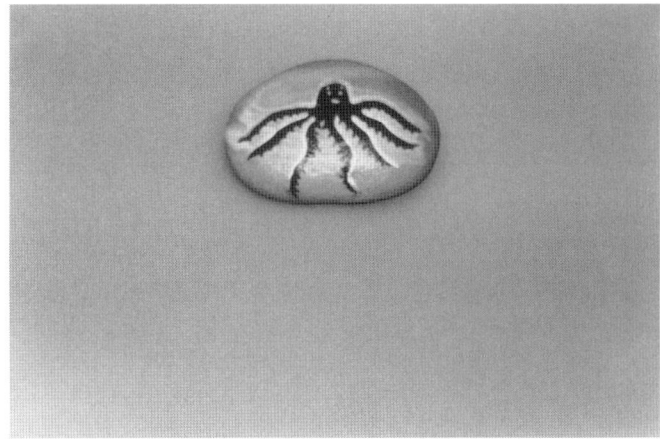

Abb.: Stein mit Oktopus

wa mit Filzstiften bemalen oder beschriften und als Erzählanlass benutzen.
Meistens denkt sich jeder, der einen Stein auf diese Weise vorbereitet, mindestens ein paar Details, zumeist aber schon eine ganze Geschichte aus – er bringt schon eine Idee in den Erzählkreis mit.
Das Erzählkind hält den vorbereiteten Stein in der Hand; die anderen Kinder stellen Fragen, immer neue, immer andere. Sie erfragen und schaffen damit die ganze Geschichte, die es vorher ja noch gar nicht gab.
Das Erzählkind reagiert auf die Fragen, gibt Antworten, spontan, zufällig oder auch vorbereitet:

Woher hast du den Stein?
Aus welchem Land ist er?
Wie sieht es dort aus?
Welche Leute leben da?
Was machen die den ganzen Tag?
(Fragen nach den Dingen, die es dort gibt, die es dort nicht gibt)

Wer hat dir den Stein gegeben?
Was steht drauf?
Was machen die Leute dort mit dem Stein?
Was können wir mit dem Stein machen?

Wenn dem Erzählkind nichts einfällt, kann es z.B. sagen: „Die nächste Frage bitte!" Das fragende Kind kann aber auch eigene Ideen einbringen, d.h. die Geschichte entsteht im Dialog.
Erzählsteine mit seltsamen Zeichen oder Abbildungen lassen sich auch mit Bildern und anderen Gegenständen kombinieren. So reizt z.B. die Kombination von einem Stein mit einem (chinesischen) Schriftzeichen, zwei Essstäbchen, einem Bild von einem Menschen in unbekannter, fremdartiger Kleidung und einem Bild von einem Bambusgebüsch sowie eine Teeschale die Vorstellungskräfte in spezifischer Weise an: Gegenstände und Bilder, die offensichtlich miteinander in Beziehung

Abb.: Nepal-Stein

stehen, beeinflussen eine Geschichte, in der jedes Ding beim Erzählen seinen Platz hat: Wenn es erwähnt wird, wird es gezeigt.

Reizvoll ist andererseits auch ein Erzählanlass, bei dem Dinge und Bilder zusammengebracht werden, die an sich nichts miteinander zu tun haben, die aber die gedankliche Kombinatorik und fantasievolle Verknüpfungstechnik der Kinder herausfordern. Wenn z. B. ein Kiesel (mit einem fremdartigen Zeichen bemalt), eine Taschenlampe, ein paar Schwimmflossen, eine leere Geldbörse sowie ein Bild von einem Seehund kombiniert werden, so ist jeder auf die entstehende Geschichte mit den dazugehörigen „verwickelten" Gedankengängen gespannt.

„Wie erfindet man daraus eine Geschichte?", fragen anfangs die Kinder und nutzen dann alle spielerisch-assoziativen Möglichkeiten des „Kreuz- und Querdenkens" aus, die in den Arbeitstechniken von Notizzettel-Clustern und Mind Maps liegen.

Exkurs:

Gianni Rodari hat in seinem Buch „Die Kunst, Geschichten zu erfinden", das „phantastische Binom" vorgestellt, mit dem die Vorstellungskraft angereizt werden kann, d. h. eine Kopplung zweier Wörter (oder in unserem Zusammenhang zweier Gegenstände oder Bilder), die einander völlig fremd gegenüberstehen. Seine Übungen dazu – er nennt diese Methode letztlich mit Blick auf Max Ernst „Verfremdung" – befreien die Wörter aus ihren „verbalen Ketten" und werfen sie „unter einem nie zuvor gesehenen Himmel gegeneinander".

Die Wörter Hund und Schrank oder Büffel und Friseur schaffen optimale Bedingungen für eine Geschichte, eine Technik, die Kinder mit dem größten Vergnügen anwenden.

Literatur:

Rodari, G.: Grammatik der Phantasie – Die Kunst, Geschichten zu erfinden. Leipzig 1992, S. 21 ff.

Beispiel 2: Traumsteine

Effektvolle Auslöser für Geschichten sind „Traumsteine". Kinder nutzen solche Traumsteine gerne, um neue Geschichten zu erträumen, wobei meditative Vor-Übungen eine spezifische Bedeutung erhalten. Erträumen bedeutet in diesem Zusammenhang, sich die Geschichte in entspannter Atmosphäre spielerisch-assoziativ im Kopf zurechtzulegen.

Die Steine werden an die Stirn gehalten oder auf den Kopf gelegt, die Augen werden geschlossen und die herumschweifenden Gedanken suchen die Geschichte im Kopf. Die Steine (z. B. glatt geschliffene Kiesel) werden mit Figuren und Zeichen bemalt, und zwar am besten mit solchen, von denen Kinder gerne träumen möchten.

Zusätzlich kann einem solchen „Traumstein" auch ein thematischer Rahmen zugeordnet werden: Der „Lügen-

stein" liegt kaum auf der Stirn, schon fallen einem die tollsten Lügengeschichten ein. Beim „Fliegerstein" und beim „Freundschaftsstein" oder beim „Friedensstein" geschieht Ähnliches.

Merkwürdig geformte Kristalle und Mineralien sowie angeschliffene Halbedelsteine haben ebenfalls eine starke imaginative Wirkung beim Geschichtenausdenken.

Auf ähnliche Weise können auch exotische Schneckenhäuser (Meeresschnecken) zum Ersinnen von Geschichten genutzt werden. Sie liefern die Anfänge von Geschichten. Zudem geben sie mit jenem vermeintlichen Meeresrauschen, das Imaginationen von Meer, Strand, fernen Inseln, Südsee in Gang setzt, weitere Erzählimpulse.

Ein Erzählkind bekommt das Schneckenhaus, hält es ans Ohr und schließt beide Augen. Die anderen Kinder stellen ihm Fragen nach all dem, was das Erzählkind innerlich „sieht".

Die Fragen erschließen die Situation und konstituieren eine Geschichte:

Wo stehst du gerade?
Was siehst du vor dir?
Siehst du ein Schiff?
Bist du allein?
Hast du ein Boot?
Wenn du dich nach rechts drehst, was siehst du?
Wenn du dich nach links drehst, was siehst du?
Wenn du dich ganz umdrehst, was siehst du dann?

Wie beim rätselhaften Stein kann das Erzählkind Fragen offen lassen oder auch zurückweisen oder auch selbst ein eigenes Stichwort bzw. eine eigene Beschreibung hinzufügen.

Abb.: Meeresschnecken

Aus den Fragen und Antworten entsteht das detaillierte Bild einer Insel, der dortigen Umstände, ihrer Bewohner, Gefahren oder Möglichkeiten.

Anschließend könnte die Insel so gezeichnet oder gebaut werden, wie sie aus den Fragen und Antworten entstanden ist. Falls so etwas geplant ist, ist es sinnvoll, einen Protokollführer zu benennen, etwa den Lehrer oder die Lehrerin, der die wichtigsten Hinweise (Stichwörter) aus der entstandenen Geschichte notiert.

Auch andere rätselhafte Gegenstände eignen sich als Anstoß für eine Erzählgeschichte. So könnten etwa alte Münzen oder Scherben, ein altes Öllämpchen, ein alter Krug zu Geschichten führen, die in einer weit zurückliegenden Zeit stattfinden. Das Erzählkind unternimmt so eine Zeitreise z. B. in die Römerzeit, Ritterzeit, Steinzeit, ins Mittelalter oder zu den Prärieindianern. Es begibt sich in Gedanken dorthin, ist selbst dort, erzählt, was es zu sehen meint.

Alte, seltsam verkrümmte Wurzeln und Äste, die irgendwie an Figuren erinnern sowie Kräuterbündel (vor allem stark duftende) eignen sich gut als Anstoß für Zauber- und Hexengeschichten.

Ähnlich kann man auch kleine Gefäße, etwa ein kleines, aus Olivenholz gedrechseltes Döschen sowie auffällige Glasfläschchen oder Tuchsäckchen mit rätselhaften Düften verwenden.

Für eine Erzählwerkstatt wird ein Karton mit einer Auswahl der genannten Gegenstände zu einer lebhaft sprudelnden Quelle facettenreicher Erzählgeschichten. Sobald Gegenstände als Impulse für Geschichten verwendet werden, die eine Figur, ein Tier, ein Wesen repräsentieren (z. B. kleine „Steinwesen", Holzfiguren und -tiere, Plastikfiguren und -tiere), die mit der Geschichte verlebendigt werden, handeln, andere Wesen, Figuren treffen, muss eine völlig andere Erzählsituation arrangiert werden.

Exkurs: Reihumerzählen im Erzählkreis

Reihumerzählen wurde bisher weitgehend als ein soziales Arrangement für spontanes Erzählen definiert. An einen spontan gefundenen Geschichtenanfang („Ich war einmal in Afrika..."), den ein Kind in den Erzählkreis einbringt, fügen die dort versammelten Kinder nacheinander Sätze, Satzbruchstücke, Ausrufe, einzelne Bemerkungen, gelegentlich auch mehrere Sätze an, wobei sich stets Nachfolgendes auf Vorausgegangenes beziehen muss.

Auch vorgegebene Geschichtenanfänge (→ S. 70) erfüllen den gleichen Zweck. Sie stoßen eine neue Geschichte an („Als ich neulich wanderte, stand ich plötzlich vor einer großen, dunklen Höhle..." oder: „Ein Rabe landete auf meinem Balkon, sah mich lange an und sagte..." etc.).

Diese Form des Reihumerzählens kann facettenreich und mit ständig steigendem Anspruch praktiziert werden. Dabei ist es sinnvoll, ein Zeichen zu vereinbaren, das ein Kind wählt, wenn es zwar an der Reihe ist, aber nichts sagen will. Bei zunehmender Übung im Reihumerzählen werden solche Zeichen immer weniger benötigt. Wer positive Erfahrungen mit dieser Erzählform gewonnen hat, traut sich eher das Wort zu ergreifen, auch wenn er nur wenige Sätze erzählen möchte. Mit zunehmender Übung können Geschichten auch zwei- oder dreimal reihum gehen, bei gleich bleibendem

Abb.: Reihumerzählen

thematischen Rahmen (z. B. Urwald oder Südseeinsel) können dabei neue, überraschende Ideen und Erzählmotive auftauchen, weitergeführt, fallen gelassen, konterkariert, ins Kuriose verdreht werden, plötzlich verschwinden und ebenso plötzlich wieder auftauchen.

Auch beim Reihumerzählen sind Hilfsmittel gebräuchlich. In diesem Zusammenhang soll nochmals an kleine Softbälle erinnert werden, die beim Erzählen von Kind zu Kind gereicht werden (in Reihe oder nach Wortmeldung). Mit ihnen wird das Wort weitergegeben. Der Softball hilft dem erzählenden Kind, wenn es aufgeregt ist, wenn es ins Stocken gerät, d. h. wenn es mitten in der Geschichte nicht weiterweiß, wenn sich seine Gedanken „verknäulen". Dann kann es den Softball so lange heftig kneten, bis es den gedanklichen Faden wieder aufnehmen kann. Ein zusätzlicher sozialer Effekt ist dabei, dass die anderen Kinder sehen, wie es um das Erzählkind steht und dass von ihnen ein wenig Geduld erwartet wird.

Ein weiteres Hilfsmittel ist ein Knäuel roter fester Kordel (eine andere Version des „roten Fadens", → S. 84), das sich zunächst in der Hand eines erzählenden Kindes befindet und weitergereicht wird, wenn das nächste drankommt. Wer das Knäuel weitergibt oder -wirft, behält das Ende der Kordel in der Hand, sodass diese zwischen ihm und dem nachfolgenden Kind gespannt wird. Geht das Knäuel im Erzählkreis mehrfach hin und her, so entsteht ein typisches Muster, das die Weitergabe des Wortes im Verlauf einer Geschichte abbildet. Besonders geübte Klassen können auch die reizvolle Aufgabe lösen, die Geschichte rückwärts zu erzählen und dabei das abgewickelte Knäuel wieder aufwickeln.

Ein Variante dieses Knäuels muss zunächst hergestellt werden, bevor man damit im Erzählkreis ganz spezifische Übungen arrangieren kann: Verschiedenfarbene Kordel- und Wollreste werden aneinander geknüpft. Die Einzelfäden sollten eine Länge von ein bis zwei Meter nicht überschreiten. Das Kind, das mit dem Erzählen beginnt, nimmt den Faden auf, wickelt ihn beim Erzählen ab und fängt damit ein neues Knäuel an. Sobald die nächste Fadenfarbe seine Hände erreicht, bricht es seine Erzählung ab und gibt das große und das neu angefangene Knäuel weiter.

Als Regel für das nachfolgende Kind gilt: Es muss genau an der Stelle weitererzählen, an der das Kind vor ihm aufgehört hat. Durch das beschriebene Hilfsmittel lernen die Kinder genau auf die Erzählung zu achten, genau hinzuhören.

Beispiel 3: Kleine Spielfiguren aus Holz oder Plastik

Wenn Kinder das Reihumerzählen kennen gelernt haben, bei dem spontane Erzählideen und/oder vorgegebene Geschichtenanfänge weitergeführt werden, dann können sie auch mit kleinen Spielfiguren aus Holz oder Plastik in „geselliger Runde" Geschichten erfinden.

Geeignete Spielfiguren stammen aus dem Spielzeugbestand der Kinder. In jedem Spielwarengeschäft bzw. in jeder Spielwarenabteilung von Warenhäusern oder auch auf Weihnachtsmärkten werden sie zudem in reicher Fülle angeboten.

In jeder Erzählwerkstatt sollte ein Karton mit unterschiedlichen Spielzeugfiguren (z. B. Zootiere, Tiere vom Bauernhof, ausgestorbene Tiere, sagenhafte Tiere) zur individuellen Auswahl angeboten werden. Namen, Merkmale und Eigenschaften sind meistens festgelegt. Mit jeder Spielfigur verbinden Kinder spezifisches Wissen.

Besonders reizvoll ist es, diese Spielfiguren beim Reihumerzählen mit unterschiedlichen Wortkärtchen zu kombinieren, welche die Kinder in der Hand halten. Die Geschichte entsteht dann im Erzählkreis auf folgende Weise: Das erste Kind nimmt eine vorher verabredete oder angekündigte Spielfigur und beginnt eine Geschichte, z. B. mit einem kleinen Affen, der aus seinem Käfig ausbricht und in die Welt hinein läuft. Es gibt die Figur dann an ein zweites Kind weiter, das beim Weitererzählen das auf seiner Karte stehende Wort einflicht. Das Wortkärtchen stammt aus einer Wörtersammlung, die für solche Erzählsituationen vorbereitet worden ist und vor oder auch während des Erzählens für jedes Kind zugänglich ist.

Herstellungsanleitung: Auf einem größeren kreisrunden Pappstück werden viele Schuber aus Streichholzschachteln wie die Speichen eines Rades aufgeklebt. Sie enthalten rechteckige Wortkärtchen, die thema-

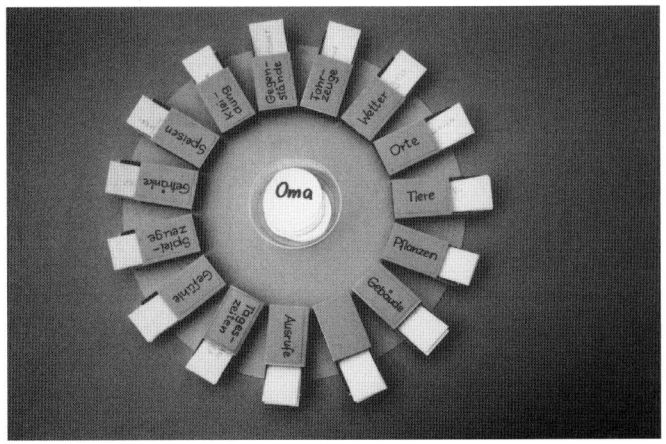

Abb.: Erzählknäuel *Abb.: Wörtersammlung*

tisch, z.B. nach Gebäuden (Rathaus), Pflanzen (großes Gebüsch), Tieren (Hund), Landschaften (bzw. Orten wie Wiese, Straßengraben), Fahrzeugen (Rakete), Wettererscheinungen (Regen), Gebrauchsgegenständen (Eimer, Zange), Tageszeiten (am frühen Morgen), Kleidungsstücken (Hut), Speisen (Erdnüsse), Getränken (Limonade), Spielzeugen (Roller), Gefühlen (Zorn, Freude) etc. geordnet sind.

In der Mitte der Wörtersammlung befindet sich noch eine runde Schachtel mit kreisrunden Kärtchen, auf die Personen oder Namen geschrieben sind, denen die Erzählfigur begegnen kann (kleiner Junge, Polizistin). Wenn vor der Erzählrunde die im Mittelpunkt stehende Figur angekündigt wird, kann sich jedes Kind bei den Wortkärtchen bedienen. Falls es kein passendes Kärtchen für seine Vorstellungen findet, kann es sich schnell selbst eins schreiben (Blanko-Kärtchen müssen vorhanden sein).

Jedes Kind denkt bereits vorab darüber nach, wie es die angekündigte Figur mit seinem Wort in Verbindung bringen will.

Beim Erzählen geht die Spielfigur von Kind zu Kind. Mit den Wörterkärtchen wird die Geschichte weitergeführt. Dabei kann reihum oder nach Wortmeldungen erzählt werden, bis das letzte Kind den – zumeist – schwierigen Schlusspunkt setzt.

Einige Steigerungen sind bei dieser Erzählsituation möglich:

- Zufallswahl: Die Erzählfigur wird nicht vorher angekündigt. Dazu passt, dass die Kinder noch während des Erzählens Wortkärtchen wählen oder schnell schreiben können.
- Ein enger oder weiter thematischer Rahmen für die Erzählfigur wird vorher verabredet.

Beispiel 4: Kleine Steinwesen

Die nachfolgend beschriebenen kleinen Steinwesen verdanke ich einer kleinen Manufaktur für originelle Reiseandenken auf Kreta, die von Niki und Roula, zwei jungen Frauen, betrieben wurde.

Ihr besonderer Reiz (und der damit gegebene höhere Erzählanspruch) liegt darin, dass sie unspezifisch aussehen. Die Kinder können sich alles und jedes für sie und mit ihnen ausdenken, ohne in irgendeiner Weise festgelegt zu sein. Allerdings sollten, wenn die Steinwesen beim Reihumerzählen verwendet werden, einmal zugeordnete Namen und Eigenschaften (auch bestimmte Redewendungen, die sie gebrauchen) für die einmal begonnene Geschichte beibehalten werden: Zusammen mit seinem Namen „verlebendigen" sich nach und nach die kleinen Steinwesen.

Genau wie in Beispiel 3 können sie auch mit Wortkärtchen kombiniert werden. Bei der Namensgebung können die Kinder im Erzählkreis ungewöhnliche Silbenverbindungen verabreden, das erhöht ihren Reiz.

Abb.: Kleine Steinwesen

15. Anfänge, Schlüsse, Ausrufe und Laute

In jeder Erzählwerkstatt sollten Grundschulkinder Beispiele für Geschichtenanfänge (Es war einmal … oder Es war und es war nicht …), für entsprechende Schlüsse (… und so kam auch diese merkwürdige Geschichte zu einem guten Ende … oder … Und wer es zuletzt erzählt hat, dem ist der Mund noch warm …) oder auch für Ausrufe (Heißa, juchhe!) und Laute (Piep!) finden, die ihnen helfen eine Geschichte zu erfinden. Von jeder genannten Kategorie sollte eine Anzahl angeboten, zugleich aber die Aufgabe an alle gestellt werden, selber weitere Beispiele zu sammeln und den schon vorhandenen zuzuordnen.

Beispiel 1: Geschichtenanfänge

Bei Geschichtenanfängen unterscheide ich kurze, unspezifische, die zu Vielem passen können und zudem dann, wenn sie nicht genau passen, umgeformt werden können und solche Geschichtenanfänge, die bereits inhaltlich ein wenig in die Geschichte hineinführen, weil sie die Anfangssituation detaillierter skizzieren. Kurze, unspezifische Geschichtenanfänge lassen sich zu zahlreichen Geschichten weiterentwickeln, geben aber durchaus zeitliche und örtliche Hinweise, die in der Geschichte aufgenommen werden müssen, damit sie „stimmt". Angeboten werden die kurzen Geschichtenanfänge auf kleinen Karteikärtchen in einer passenden Schachtel.

Vorschlagsliste für den Einstieg:
Am Sonntagnachmittag …
Eines Tages …
Gegen Abend …
Unter der Brücke …
Auf der Waldlichtung …
Im Garten …
Als ich mal …
Auf dem Spielplatz …
Immer wenn sie …
Gestern …
Plötzlich …
Ich weiß von einem …
„Geh raus spielen!" sagte …
Vorige Woche …
Vor vielen, vielen Jahren …
Mittags um zwei Uhr …
Neulich holte mich …
Wie ich so da stand …
Als ich fünf Jahre alt war …
Als ich nicht mehr ganz klein war …
Gestern nach der Schule …
Weit, weit weg von hier …

Die detaillierteren Geschichtenanfänge bedürfen einer anderen Erzählstrategie: Sie müssen von den Kindern zunächst daraufhin durchdacht werden, was schon vorgegeben ist und was daraus folgen kann. Die graduell unterschiedliche Offenheit stellt demgemäß unterschiedlich hohe Ansprüche an die Kinder. In diesem Zusammenhang erinnere ich daran, dass zum Verfertigen der Geschichten unterschiedliche Verfahren angewandt werden können: Notizzettel-Cluster, Sprechzettel, „roter Faden" etc.

Bei den detaillierteren Geschichtenanfängen (die zudem auch etwas umfangreicher sind) hat sich eine Sammlung auf Karteikarten bewährt (jeder Geschichtenanfang erhält eine eigene Karte), die in einem Kasten von geeigneter Größe zum Durchblättern und Auswählen im Rahmen der Erzählwerkstatt angeboten werden. Solch eine Kartei eignet sich übrigens auch recht gut nur für die Schreibwerkstatt bzw. für das freie Schreiben.

Vorschlagsliste für den Einstieg:

- Nach einem langen Flug landete das Raumschiff auf dem roten Planeten …
- Sonntags geht mein Opa immer mit mir im Wald spazieren …
- Der Drache Fidibus saß vor seiner Höhle und sprach zu sich selbst: …
- Gestern Nacht war's unheimlich …
- Meine Katze Mohrchen geht immer hinter die alte Scheune. Neulich …
- Plötzlich stand ich vor einem riesigen schwarzen Loch in der Felswand …
- Eigentlich wollte ich in aller Ruhe ein Buch lesen. Aber dann öffnete sich meine Zimmertür …
- Stellt euch vor, wir haben zu Hause ein Wunderauto …
- „Weißt du noch?", fragte die zerrissene Jeans-Hose die alte Sandale. „Weißt du noch …
- Es war einmal ein alter Besen. Der hatte keine Lust mehr, in der Ecke zu stehen …
- „Wo kommst du denn auf einmal her?", fragte ich das kleine grüne Männchen …
- Floh Hannibal hatte plötzlich keine Lust mehr, auf seinem Hund sitzen zu bleiben. Er …
- Beim Pilzesuchen fand ich einen besonders dicken Steinpilz. Als ich ihn abschneiden wollte, lief er davon und ich immer hinter ihm her …
- „Endlich wieder frei!", rief Luischens gelber Wellensittich …
- Schrill klingelte das Telefon. Ich hob ab. Da sprach eine geheimnisvolle Stimme …
- Der schwarze Rabe landete auf meinem Balkon. Er sah mich lange nachdenklich an und sagte: …
- Mit unserem Ruderboot fuhren wir auf dem Grundelsee. Auf einmal …
- Es ist Sommer. Ich liege auf einer Wiese. Plötzlich sagt der Löwenzahn zum Gänseblümchen …
- Petra sprang vom Sprungbrett. Unter Wasser öffnete sie die Augen und sah …

- Mein Onkel brachte uns aus dem Urlaub ein riesiges Ei mit. „Ich weiß nicht, was das für ein Ei ist", sagte er. Wir legten es auf die Fensterbank. Eines Tages hörten wir ein leises Klicken …
- „Los steig auf!", rief mir mein Meerschweinchen zu, und schon gings im Galopp davon …
- Zum Geburtstag schenkte mir meine Tante einen kleinen Teppich aus Indien. „Ich glaube", sagte sie, „das ist ein …
- Auf dem Dachboden fand ich einen alten Topf. Eine kleine rosafarbene Pille lag darin und ich …

Bei den detaillierteren Geschichtenanfängen, zu denen die Kinder selber neue, eigene Beispiele hinzufügen können, lohnt es sich auch, mit ihnen vorhandene Texte, insbesondere auch aus der Kinderliteratur daraufhin zu untersuchen, wie andere Autoren und Autorinnen ihre Anfänge gewählt und auf welche Weise sie in ihre Geschichten hineingeführt haben. Ein großes Plakat mit gesammelten Kinderbuch-Anfängen könnte dann z. B. das Ergebnis dieser Überlegungen sein. Detailliertere Geschichtenanfänge lassen sich gut auf Karteikarten (z. B. DIN A5 quer) präsentieren. Jeder Anfang steht auf einer Karte.

Abb.: Karteikarten

Alle Karten werden zusammen in einem geeigneten Kasten zum Durchblättern und Ideensuchen angeboten. Das gleiche Angebot eignet sich auch für das freie Schreiben bzw. für eine Schreibwerkstatt.

Beispiel 2: Schlüsse

Auch hier können unspezifische und detailliertere Schlusssätze unterschieden werden.
Unspezifische Schlüsse können – geringfügige Umformungen vorausgesetzt – viele Geschichten abschließen. Sie sagen nur wenig über die vorausgegangene Geschichte aus, können gleichwohl aber rückblickende Überlegungen anstoßen.

Beispielliste:

… und bis heute weiß niemand, was es wirklich war.
Seither sieht er …
Daran werde ich noch lange denken.
Niemals werde ich das vergessen.
War ich froh, dass ich wieder …
Das war schön.
Punkt! Schluss! Aus!
Endlich war alles vorbei.
Dann war endlich Schluss damit.
Zuhause ruhte sie sich erst mal aus.
Von da ab sagte er kein Wort mehr.
So war's. Ich finde es gut so.
So kam alles zu einem guten Ende.

Detailgenauere Schlüsse geben immer einige Hinweise auf die vorausgegangene Geschichte und bedürfen einer anderen Strategie. Sie sollten von den Kindern daraufhin durchdacht werden, was aus diesen Hinweisen geschlossen werden kann. Die graduell unterschiedliche Offenheit stellt auch hierbei unterschiedlich hohe Ansprüche.
Auch bei den Schlüssen lohnt es sich, mit Kindern in der zugänglichen Kinderliteratur Vergleichbares zu suchen und zusammenzustellen. In gleicher Weise wie die Geschichtenanfänge werden die Schlüsse in der Erzählwerkstatt den Kindern zur Verfügung gestellt.

Beispiel 3: Ausrufe

Für Ausrufe gilt das Gleiche wie für Anfänge und Schlüsse. Es wird eine begrenzte Anzahl von Ausrufen (in einer kleinen markanten Schachtel) angeboten. Die Kinder sammeln für die Erzählwerkstatt in ihrer Klasse weitere Beispiele. Es soll sich stets um menschliche Ausrufe handeln, die meistens Emotionen andeuten, nicht um lautmalende Geräusche (wie sie z. B. in Comics üblich sind!).
Während Anfänge zum Weitererzählen einladen und Schlüsse ein Nachdenken darüber auslösen, was denn wohl vorher passiert sein könnte, stehen Ausrufe meistens mitten in der Geschichte. Als Erzählimpuls verlangen sie eine Strategie in zwei Richtungen, also etwa mit Blick zurück: „Wie konnte es dazu kommen?" und mit dem Blick voraus: „Was wird jetzt?" Ausrufe markieren vielfach Ungewöhnliches, einen Höhepunkt in der Geschichte, oft ein überraschendes Ende oder die Auflösung eines Spannungsbogens. Sie können mit verschiedenen Verfahren (z. B. Notizzettel, „roter Faden") zu Geschichten weiterentwickelt werden. Wenn z. B. mitten auf dem „roten Faden" ein Kärtchen mit dem Ausruf „Autsch!" hängt, dann ist dies zwar ein völlig offener, gleichwohl aber starker Impuls für den Erzählenden, genau zu bedenken, wie es in dieser Geschichte bis zum „Autsch!" kommen konnte – und schon ist er mittendrin!

Beispielliste:

Au, fein!
Und tschüss!
Ciao!
Mist!
Du?
Und du auch noch?
Hallo!
Pfui Teufel!
Igitt!
Na so was!
Na?
Hilfe!
Autsch!
Aua!
Weg da!
Hau ab!
Schade!
Uff, uff, …
Ist da wer?
Das gibt's nicht!
Huhu!
Pass doch auf!
Ätsch!
Hahaha!

Beispiel 4: Tierlaute

Typische Tierlaute sollen Kindern Impulse für Geschichten geben, die sich um einen oder mehrere von ihnen herum entwickeln. Besonders reizvoll sind Geschichten, in denen nur die Laute, nicht aber die Namen der Tiere genannt werden. Bei anderen Geschichten liegt der Reiz darin, dass die Tiersprache im jeweiligen Zusammenhang auch in die „Menschensprache" übersetzt wird oder werden soll.

Zudem sind beim mündlichen Erzählen mit Tierlauten vielfältige Gestaltungsmittel verfügbar. Die Kinder können Lautstärke, Stimmführung, Gestik, Mimik, verkürzte Sprache, sprachlich ausgedrückte Gefühle etc. als Ausdrucksmittel nutzen. Die Laute „Oink, Oink" können fragend, freudig, geheimnisvoll, traurig, verzagt oder zornig klingen und auf diese Weise die Zuhörer auch emotional in die Geschichte mit dem kleinen Schwein hineinnehmen.

Beispielliste:

Muh!
Miau!
Wuff, wuff!
Iiaah!
Oink! Oink!
Mäh!
Grrr!
Guruu, guruu!
Kikeriki!
Pfrrr!
Quaak!

Die Kinder sammeln gerne weitere Tierlaute und heben sie zusammen mit den ersten Beispielen in der Erzählwerkstatt auf.

16. Geschichtenanfänge mit Bildkarten (Türen, Hausnummern, Türgriffen, Treppen etc.) auffinden

Geschichten können hinter Türen anfangen – eigentlich beginnt hinter jeder Türe eine Geschichte.[1]

Für eine Erzählwerkstatt bedeutet dieser Gedanke, dass den Kindern geeignete Abbildungen von Türen sowie Ideen und Strategien angeboten werden, um anhand der Bilder Geschichten zu erfinden. Dabei rufen die besonderen Merkmale der ausgewählten Türbilder bei den Kindern Vorstellungen hervor, die dann in eine Geschichte einfließen können. Hinter einer prächtigen Türe wohnen eben ganz andere Leute als hinter einer ärmlichen und hinter einer uralten Türe beginnt eher eine „alte Geschichte" als hinter einer modernen.

Geeignete Türbilder für eine Erzählwerkstatt erhält man u. a., indem man sich an die Stadtverwaltungen wendet. Viele Städte – vor allem solche mit bemerkenswerten historischen Stadtkernen – oder auch Regionen mit typischen Türformen geben Tür-Plakate heraus, die sich zu Handkarten verarbeiten lassen, z. B. Türen der Provence oder Türen aus Jever.

Farbfotos von Türen lassen sich leicht sammeln: In meiner Sammlung befinden sich beispielsweise auch Türen aus Alsfeld, Bad Sooden-Allendorf, Jever und Clausthal-Zellerfeld.

Türbilder als Erzählanlässe können erweitert werden um eindrucksvolle Hausnummern oder Türgriffe, die ebenfalls Geschichten anstoßen können. In meiner Sammlung befinden sich beispielsweise entsprechende Handkarten, die aus Plakaten der Stadt Görlitz geschnitten sind.

Abb.: Türgriffe

Abb.: Hausnummern

Während des Urlaubs auf Kreta habe ich Postkarten gesammelt, auf denen Treppen abgebildet sind, die nach oben oder ins Bild hineinführen.

All diese Bildmotive deuten darauf hin, dass man hinter der Tür, hinter dem eindrucksvollen Türgriff, in dem Haus mit der bemerkenswerten Hausnummer oder am oberen bzw. hinteren Ende der Treppe jemanden treffen könnte, einen Menschen, ein Wesen, ein Tier..., d. h. man könnte hier eine Geschichte finden.

Beispiel 1: Bei dem nachfolgend skizzierten Grundmuster ist entweder ein Beginn mit der ganzen Klasse oder auch mit einer kleinen Gruppe denkbar, der dann in der Erzählwerkstatt weitergeführt wird und in den Erzählkreis einmündet.

Aus der Schachtel mit den Handkarten (z. B. Türbilder) wählt jedes Kind eine Türe aus, die ihm spontan zusagt. Dieses Abbild vor Augen hören alle eine kurze meditative Einstimmung seitens der Lehrerin oder des Lehrers, etwa so:

„... in einer fremden Stadt, in der es immer schön warm ist ... zu Besuch bei Bekannten... früh morgens gehst du spazieren... kommst in eine unbekannte Straße... siehst eine Tür, die dich sofort sehr interessiert... gehst auf sie zu ... sie ist unverschlossen... du öffnest sie ganz langsam, vorsichtig ... du gehst hinein... da siehst du ..."

In einer kurzen Nachdenkzeit versucht jedes Kind sich über die Situation in dem fremden Haus klar zu werden und notiert Stichwörter auf einen Zettel.

Den von dem Türbild angestoßenen Anfang seiner Geschichte stellt es später im Erzählkreis kurz vor und nutzt danach die Gelegenheit, seine Geschichte in der Erzählwerkstatt „erzählreif" zu machen.

---

1) Die Idee, Geschichtenanfänge mit Türbildern aufzufinden, verdanke ich Brigitte Klinkel, einer Märchenerzählerin aus Zell am Main, die ich 1986 und 1987 in Fortbildungslehrgängen zum Thema „Erzählen in der Grundschule" in Weilburg an der Lahn kennenlernte.

Beispiel 2: Als Variation des genannten Grundmusters kann gegen Ende der meditativen Einstimmung eine zusätzliche Anmerkung eingefügt werden:

- „da siehst du ein merkwürdiges Ding (Gegenstand) auf dem Boden liegen … du hebst es auf…"
- „da siehst du plötzlich ein Tier vor dir, das dir gut gefällt…"
- „da siehst du auf einmal ein merkwürdiges Wesen vor dir … es ist halb so groß wie du … hat lange Haare am ganzen Körper … riesengroße Füße…"

Beispiel 3: Als weitere Variation des Grundmusters können außer Sehen auch andere Sinne wie Hören, Riechen und Greifen angesprochen werden, um reizvolle Geschichtenanfänge aufzufinden. In seiner Einstimmung sagt der Lehrer dann z. B. „… als du die Tür öffnest, herrscht dahinter völlige Dunkelheit…"

Beispiel 4: Zusätzlich zu seinem Türbild zieht jedes Kind aus einer Sammlung von Tierbildern (reale und fantastische!) eines heraus, das es so lange verdeckt hält, bis es bei der Einstimmung hört: „… da siehst du …" Dann wird das Tierbild umgedreht und mit der überraschenden Kombination von Tür und Tierbild geht die Geschichte dann weiter.
Dieses Beispiel lässt sich vielfältig weiter variieren: Anstelle von Tierbildern können Bilder von Menschen, z. B. auch von bekannten oder prominenten Menschen, von hilfreichen, lustigen oder auch Angst einflößenden Wesen sowie auch von Figuren aus der Kinderliteratur (übrigens auch als schlichte Wortkarte) angeboten werden. Ein zufälliges Zusammentreffen mit Pippi Langstrumpf, Urmel aus dem Eis oder gar Emil bietet reizvolle Geschichtenanfänge.

Beispiel 5: Anhand von Bildern von Türgriffen oder Hausnummern (auch von bemerkenswerten Fenstern u. Ä.) können alle bereits skizzierten Variationen ebenfalls durchgespielt werden.

Beispiel 6: Treppen, die nach oben bzw. nach hinten ins Bild führen, sollten wie im Grundmuster mit einer meditativen Einstimmung verbunden werden, etwa so: „… in einem fremden Land … wo die Sonne immer scheint … fällt dir beim Spazierengehen eine Treppe auf … sie lockt dich richtig an … vorsichtig gehst du hinauf … plötzlich siehst du …"

Beispiel 7: Alle bisherigen Beispiele betrafen die Einzelarbeit. Das folgende Beispiel zielt auf Partner- und Kleingruppenarbeit.
Im Erzählkreis, in dem die einzelnen Kinder ihre Geschichtenanfänge (gemäß Beispiel 1 bis 6) vorstellen, erhalten sie die zusätzliche Gelegenheit, den eigenen Geschichtenanfang mit dem Anfang von einem oder zwei anderen Kindern zu verbinden. Dies geschieht über Verabredungen oder über Lose-Ziehen, sodass – beabsichtigt oder zufällig – neue und andere Konstellationen von Autoren für eine gemeinsame Geschichte entstehen. Hierbei können z. B. drei von den Kindern ersonnene Wesen gemeinsame Abenteuer erleben oder drei Figuren aus der Kinderliteratur können auf eine gemeinsame Reise gehen.

17. Fühlbücher als Ergebnis des Geschichtenerzählens

Ursprünglich für blinde Kinder bestimmt, stehen Fühlbücher in dem pädagogischen Kontext „Mit allen Sinnen lernen". Sie sind in der Regel so aufgebaut, dass sie von Blinden und Sehenden zusammen gelesen werden können oder von Blinden, die Blindenschrift bereits erlernt haben, auch ohne fremde Hilfe gelesen und erfühlt werden können.

Wir setzten diese Fühlbücher ursprünglich so ein, dass ein Kind den Text las und ein anderes Kind mit verbundenen Augen die auf den Seiten reliefartig eingeprägten Figuren erfühlte und daran die Geschichte erkannte.

Die Idee, mit Kindern ähnliche Fühlbücher selber herzustellen, entstand aus folgenden kritischen Überlegungen heraus:

– Die bislang benutzten Fühlbücher waren fertig. Die Kinder konnten die Geschichten nur nachvollziehen.
– Die Fühlbücher waren, da für blinde Kinder bestimmt, für Sehende mit ihren ungeübteren Fingerspitzen zu wenig „griffig", d. h. eigentlich nicht markant genug.
– Die Fühlbücher, die auf dem Markt zu kaufen waren, erschienen textlich und gestalterisch noch entwicklungsfähig.

Daraus entstand folgendes Konzept:

– In Deutsch, Sachunterricht, insbesondere in freier Arbeit stellen Kindergruppen selber Fühlbücher her – aus passivem Nachlesen wird aktives Gestalten.
– Es wird gröberes Material benutzt, weil dies „eindrucksvoller" für ungeübte Fingerspitzen ist.
– Das Erfinden der Geschichte anhand des Materials wird Erzählanlass in der Erzählwerkstatt (auch des freien Schreibens und der Schreibwerkstatt) – die Kinder können sich von dem benutzten Material direkt zum Konzipieren von Geschichten und zum Erzählen anregen lassen.
– Die vorhandenen Strukturmerkmale von fertigen Fühlbüchern werden beibehalten: Auf den jeweils linken Seiten wird nach der Fertigstellung z. B. der Text aufgeklebt, auf den jeweils rechten Seiten wird das „fühlbare" Material entsprechend der Gestaltung durch die Kinder aufgeklebt. Ein durchgehender, fühlbarer „roter Faden" verbindet die einzelnen Seiten mit ihren aufeinander folgenden Episoden zur Geschichte.

Vorschläge zur Herstellung eines Fühlbuches:
Erfahrungsgemäß ist es günstig, wenn die Kinder einer Klasse zunächst ein Fühlbuch und seine Merkmale genau kennenlernen. Zu Beginn ist das gemeinsame Herstellen eines Fühlbuches sinnvoll (mehrere Gruppen gestalten z. B. jeweils Seiten, die später zu einem Buch zusammengefasst werden). Erst danach sollte der Auftrag zum Ersinnen und Herstellen weiterer Fühlbücher

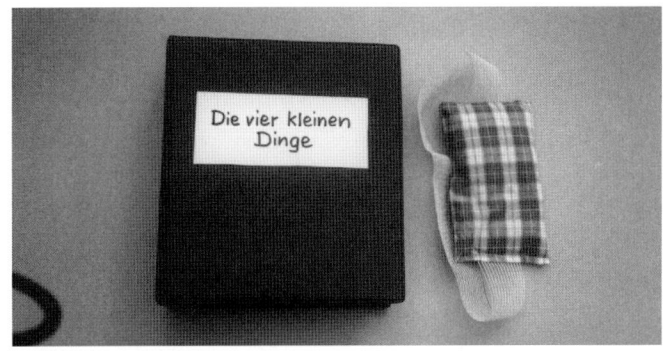

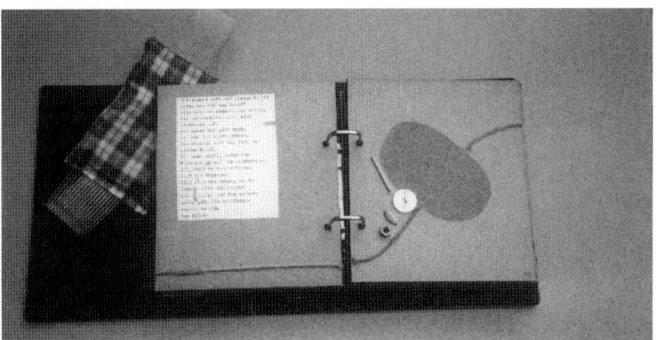

Abb.: Selbst verfertigtes Fühlbuch: „Die vier kleinen Dinge"

als wählbares Angebot der Erzählwerkstatt an alle Kinder weitergegeben werden.

Es ist vor allem wichtig, dass die Kinder das Prinzip des „roten Fadens" aufgreifen, also etwa eine Straße gestalten, die die einzelnen, aufeinander folgenden Ereignisse miteinander verbindet.

Als einzelne Ereignisse sind hierbei deutlich voneinander unterscheidbare Teile einer Geschichte.

Von einer Ausgangssituation aus, die durch das gewählte Material und die sich daran entzündenden Ideen (Gestaltungs- und Textideen) entsteht, entwickeln die Kinder zusammen mit Lehrer oder Lehrerin spielerisch probierend die nächsten Ereignisse bis zu der Situation hin, mit der ihre Geschichte endet.

Beispiel „Ausgangssituation":

Was ist das?
Das ist der kleine Knopf.
Er hat zwei Löcher.
Er spielt ganz alleine.
Vor dem Haus.
An der Wollfadenstraße.

Beispiel „folgendes Ereignis":

Der kleine Knopf läuft weiter.
Dann pfeift er auf einem Loch.
Da kommt sein Freund herbei:
Der Kürbiskern.
Sie spielen Nachlaufen.
Sie erzählen sich Geschichten.

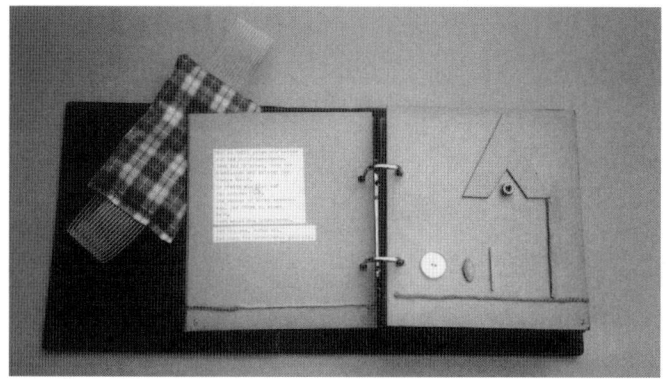

Abb.: Seite aus dem Fühlbuch „Die vier kleinen Dinge"

Beispiel „Schlusssituation":

Die Wollfadenstraße führt zum weichen Haus.
Es ist groß, rund und mollig.
Müde schlüpfen alle hinein.
Sie machen es sich gemütlich und ruhen sich aus.
Der Knopf, der Kürbiskern, das Schräubchen und das Hölzchen.
Ganz nahe rücken sie zusammen.
Wie schön weich und kuschelig ist es hier.
Und der kleine Knopf kneift vor lauter Wonne beide Löcher zu und schläft ein.
Ja … und morgen gehen sie den ganzen langen Weg wieder zurück.

Bei jedem Ereignis kommt z. B. ein neuer Gegenstand hinzu, die Situation verändert sich und neue Möglichkeiten für Gestaltung und Text tun sich auf. Die einzelnen Dinge erhalten Bedeutungen, die dann bis zum Ende der Geschichte gelten: Die Dinge werden personifiziert, verlebendigt, erhalten spezifische Eigenschaften, die mit ihren Gestaltmerkmalen korrespondieren. Zwischen den einzelnen Dingen werden Beziehungen hergestellt. Wichtig ist noch die Anmerkung, dass während des probierend-spielerischen Umgangs mit dem Material die Ideen für den Text entstehen, der zunächst mündlich erzählt, auch wiederholt mündlich erzählt und auch verändert (ausprobiert!) wird und erst nach Fertigstellung des ganzen Fühlbuches aufgeschrieben wird.

Noch vor dem Aufschreiben erzählen sich die Kinder (in Partnergruppen) das ganze Buch von vorne bis hinten. Jeder an der Geschichtengenese Beteiligte kann – mit individuellen Variationen und Veränderungen bei Details – die ganze Geschichte erinnernd erzählen.

Bei der Herstellung (und auch später bei der Bereitstellung der notwendigen Produktionsmittel in der Erzählwerkstatt) sollte Basis- und Gestaltungsmaterial unterschieden werden. Zum Basismaterial gehören dicke Aktenordner im Format DIN A5 hoch oder quer, passend geschnittene und gelochte Seiten aus steifer dicker Buchbinderpappe oder dünner steifer Wellpappe (aus Verpackungskartonagen geschnitten) sowie ein Modellbaukleber, mit dem unterschiedliches Material auf Pappe geklebt werden kann.

Das Gestaltungsmaterial findet sich in Haus, Keller, auf dem Dachboden und im Garten: verschieden geformte Pappstücke, Wolle, Federn, Knöpfe, dicke Samenkörner, Streichhölzer, Tesakrepp und Tesaband, Nägel, Schrauben, trockene Grashalme, Sandpapier, Plastikfolie, trockene Pflanzenteile, Kronkorken, Draht und vieles andere.

Für das Verbinden der Augen beim fühlenden Kind wird kein Schal und auch keine Pappmaske mehr empfohlen. Bessere Erfahrungen wurden mit einem wattegefüllten kleinen Kissen gemacht, an das elastisches Kräuselband (für Gardinen) angenäht war. Die Kinder empfanden das weiche Kissen als wesentlich angenehmer und konnten sich besser auf den Gang der Geschichte konzentrieren (siehe dazu auch die Abbildungen).

Die Geschichten können Alltagserfahrungen der Kinder aufnehmen. Der besondere Reiz besteht darin, alle Möglichkeiten des Materials fantasievoll auszuloten. Am Beispiel des Fühlbuches, aus dem die Abbildungen stammen, soll dies kurz skizziert werden: Ausgangspunkt war ein kleiner weißer Knopf, der nach und nach drei Spielgefährten findet (den Kürbiskern, das Hölzchen und das Schräubchen) und anschließend mit ihnen mehrere Abenteuer erlebt, bis sie zuletzt im weichen Haus Ruhe finden.

Alle Abenteuer sind aus den Merkmalen des jeweils verwendeten Materials entstanden; der besondere Reiz des Zweidimensionalen wurde genutzt.

Als strukturelle Alternative zu Ereignissen, die einem Weg, einer Straße als „roten Faden" folgen, erwiesen sich Geschichten, die sich an nur einem Ort abspielten.

Ein aus dem Material heraus erdachtes Problem lag vor, für dessen Lösung eine Belohnung winkte.

Auch hierbei folgte zwar ein Ereignis dem anderen, aber die Akteure oder Akteurinnen kamen nacheinander an diesen einen Platz und brachten schließlich das Problem zu einem guten Ende.

Es zeigte sich, dass das gemeinsame Ersinnen einer Geschichte, die sich erst in der Auseinandersetzung mit dem Material entwickelte, für die Kinder sehr zufriedenstellend war, da sie sich auch gänzlich neuen, überraschenden und zunächst nicht geplanten Einfällen widmen konnten. Fühl-Geschichten aus „Kruschelkram" waren stets attraktiv und zugleich merkbar sprachfördernd. Die im Klassenschrank deponierten Fühlbücher blieben interessant.

Nach dem Lesen mit den Fingerspitzen fragten wir Kinder eines 3. Schuljahres nach ihren Fühlerlebnissen. Ein Mädchen gab eine überraschende Antwort: „Wenn ich mit den Fingern drüberfahre … und die Geschichte höre … sehe ich im Kopf richtige Bilder!"

Literatur

Claussen, C.: Fühlbücher selber machen. In: Die Grundschulzeitschrift 20/1988, S. 26 ff.

Was ist das?
Das ist der kleine Knopf.
Er hat zwei Löcher.
Er spielt ganz alleine.
Vor dem Haus.
An der Wollfadenstraße.

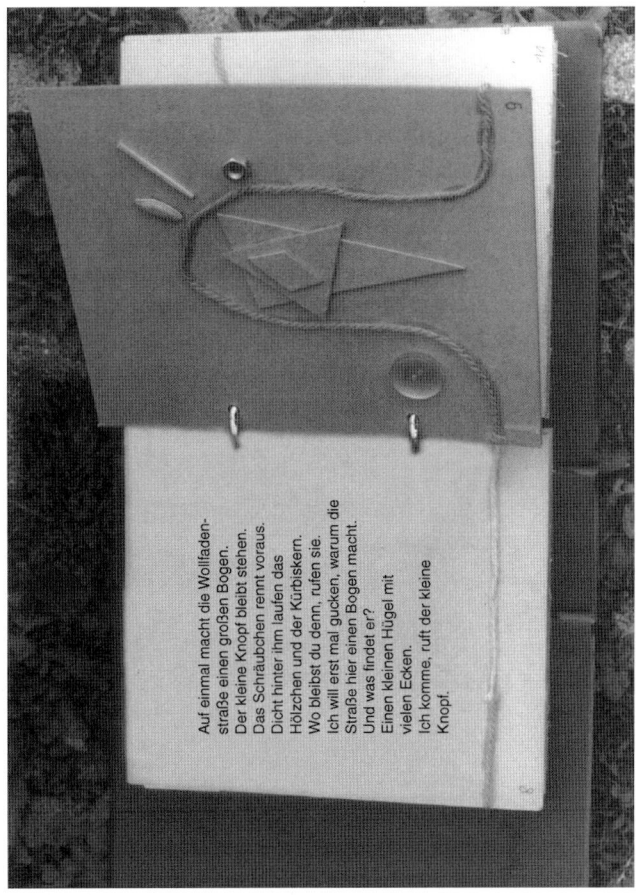

Auf einmal macht die Wollfaden-
straße einen großen Bogen.
Der kleine Knopf bleibt stehen.
Das Schräubchen rennt voraus.
Dicht hinter ihm laufen das
Hölzchen und der Kürbiskern.
Wo bleibst du denn, rufen sie.
Ich will erst mal gucken, warum die
Straße hier einen Bogen macht.
Und was findet er?
Einen kleinen Hügel mit
vielen Ecken.
Ich komme, ruft der kleine
Knopf.

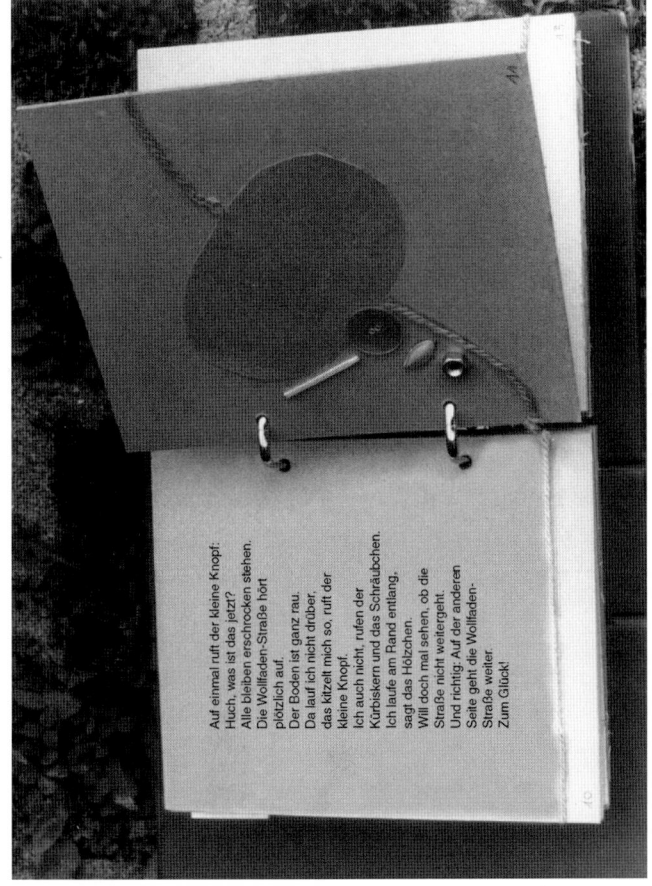

Auf einmal ruft der kleine Knopf:
Huch, was ist das jetzt?
Alle bleiben erschrocken stehen.
Die Wollfaden-Straße hört
plötzlich auf.
Der Boden ist ganz rau.
Da lauf ich nicht drüber.
das kitzelt mich so, ruft der
kleine Knopf.
Ich auch nicht, rufen der
Kürbiskern und das Schräubchen.
Ich laufe am Rand entlang,
sagt das Hölzchen.
Will doch mal sehen, ob die
Straße nicht weitergeht.
Und richtig. Auf der anderen
Seite geht die Wollfaden-
Straße weiter
Zum Glück!

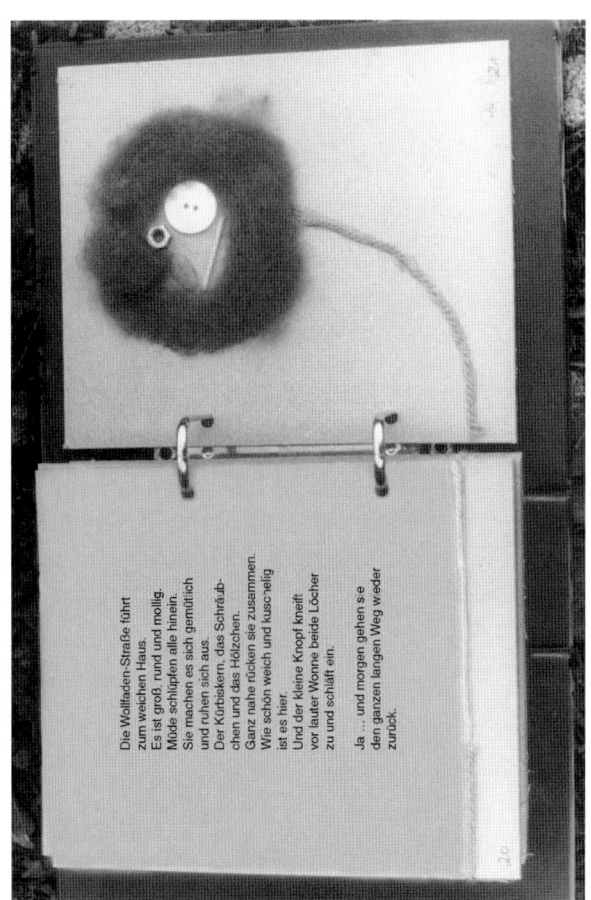

Die Wollfaden-Straße führt
zum weichen Haus.
Es ist groß, rund und mollig.
Müde schlüpfen alle hinein.
Sie machen es sich gemütlich
und ruhen sich aus.
Der Kürbiskern, das Schräub-
chen und das Hölzchen.
Ganz nahe rücken sie zusammen.
Wie schön weich und kusc-elig
ist es hier.
Und der kleine Knopf kneift
vor lauter Wonne beide Löcher
zu und schläft ein.

Ja ... und morgen gehen s e
den ganzen langen Weg weder
zurück.

18. Mit selbst gemalten Bildtafeln Geschichten erzählen und singen – Bänkelsang

Lang, lang ist's her … früher (lange Zeit vor der Erfindung des Fernsehens) traten die Bänkelsänger auf Kirchweih- und anderen Volksfesten, auf Märkten in Stadt und Land auf und lieferten der allseitigen Neugierde neue und altbekannte „gar erschröckliche Geschichten" und Moritaten.

Sie entrollen Schautafeln mit acht oder zehn Einzelbildern, stiegen auf ein „Bänkel" (daher der Name!), damit

Abb.: Die Bänkelsänger. Radierung von Christian Wilhelm Ernst Dietrich um 1740

man sie besser sah, zeigten mit einem Stock auf das erste Bild und trugen bzw. sangen die darauf erkennbare Geschichte vor, die zumeist in einprägsame Verse gesetzt war. Die Bänkelsänger waren eine viel bestaunte Attraktion. Der Inhalt ihrer Geschichte blieb lange im Gedächtnis haften und wurde ausschließlich mündlich überliefert.

Für die „gesellige Praxis" in der Erzählwerkstatt wird diese durchaus anspruchsvolle Erzählsituation in veränderter Form aufgegriffen und als Vorschlag bzw. als Idee angeboten.

Dabei wird besonderer Wert auf das gemeinsame Ausdenken einer eigenen Geschichte (auch nach entsprechend bereitgestellten Geschichtenanfängen!) gelegt, deren von den Kindern erdachte Ereignisfolge zunächst nur in Form von Notizzetteln festgehalten, anschließend auf acht bis zehn Einzelszenen verdichtet und schließlich auf eine entsprechende Anzahl mündlicher Erzähltexte konzentriert wird.

Das Herstellen ausdrucksstarker Einzelbilder (mit vielen Details, auf die man beim Vortragen zeigen kann) und das anschließende Erzählen mithilfe eines Zeigestocks im Erzählkreis (gewissermaßen zum Üben) und dann vor Publikum hat ebenfalls hohe Bedeutung, führt aber nur „vor Augen und Ohren", was vorher sprachlich erarbeitet worden ist.

Bei der Herstellung von Bildern für die große Schautafel empfehlen sich Maltechniken mit deutlichen Konturen und eindrucksstarker Farbgebung (weithin sichtbar!). Ebenso eignen sich Schwarz-Weiß-Collagen aus zuvor

Geschichte in 8 Bildern

Abb.: Muster einer Schautafel für Bänkelsänger

gesammelten Bildelementen (z. B. aus einem Schnippelbuch), die zeichnerisch bzw. durch spezifische farbliche Akzente ergänzt werden können.

Das abgebildete Muster einer Schautafel für Bänkelsänger besteht aus dunklem Packpapier (großer Bogen, am besten von der Rolle), das unten und oben um ein entsprechend langes Rundholz geklebt und in acht Felder aufgeteilt wurde. Am oberen Rundholz ist eine Aufhängevorrichtung angebracht; auch ein üblicher Kartenständer dient dem gleichen Zweck.

Am eindrucksvollsten ist eine selbst gemachte Schautafel dann, wenn helle Bildflächen (z. B. aus Tonpapier) auf das dunkle Packpapier geklebt werden. Wichtig ist in diesem Zusammenhang auch der Hinweis, dass die fertige Schautafel mit allen Bildern die ersonnene Geschichte speichert.

Die Erzählsituation Bänkelsang wird einerseits völlig offen angeboten. Andererseits sind Geschichtenanfänge nützlich. Deshalb skizziere ich einige Ideen, die als Bildimpuls ins Gespräch gebracht werden können.

Wenn die Kinder sie aufgreifen und weiterspinnen, führen sie oftmals zu spannenden und „erschröcklichen" Geschichten, die durchaus an Moritaten erinnern:

Beispiel 1: Räuberhauptmann Isidor verübt zusammen mit seiner Räuberbraut schauerliche Untaten im Finsterwald …

Beispiel 2: Tarzan besiegt mühsam, aber letztlich erfolgreich die listige Riesenschlange …

Beispiel 3: Der Löwe Leopold aus dem Zoo reißt aus seinem Käfig aus, erschreckt viele Leute in der Stadt, bis man ihn wieder einfängt …

Beispiel 4: Die kleine Wassernixe erlebt im tiefen Meer aufregende Abenteuer mit unglaublich fürchterlichen Untieren …

Beispiel 5: Der kleine Dinosaurier, der seinen Eltern wegläuft, überlebt mehr oder weniger zufällig die vielen Gefahren im Dinosaurierland …

Beispiel 6: Das grüne Weibchen und das grüne Männchen erleben Erstaunliches und Aufregendes auf ihrem – uns völlig fremden – grünen Planeten …

Beispiel 7: Der überaus große Riese Krakatoff lernt endlich jemanden kennen, der ihm über ist …

Beispiel 8: Gangster Harry täuscht und trickst sich gegen allerlei Gemeinheiten aus seinem Milieu durch, schießt aber nie …

Räuberhauptmann Isidor verübt zusammen mit seiner Räuberbraut …

Tarzan besiegt mühsam, aber letztlich erfolgreich die listige Riesenschlange …

Der Löwe Leopold aus dem Zoo reißt aus …

Die kleine Wassernixe erlebt im tiefen Meer...

Bei den einzelnen Beispielen sollen die jeweils acht (oder zehn) Bilder die Ereignisfolge möglichst treffgenau darstellen.

Im Übrigen empfiehlt es sich, zusammen mit den Kindern weitere Geschichtenanfänge zu sammeln und in der Erzählwerkstatt für alle zu deponieren.

Erzählgeschichten in Bänkelsangmanier können bis hin zum Verfassen von Reimen und Liedertexten führen, wobei z.B. ein Vorsänger oder eine Vorsängerin den Liedtext allein, das Publikum den Refrain gemeinsam singt.

Vorstellbar ist auch ein Schulfest, bei dem mehrere Kindergruppen konkurrierend zum gleichen Thema oder aber zu mehreren Themen Bänkelsang anbieten und damit zugleich ihre Produktionen veröffentlichen. Soziales Feedback aus dem Publikum nützt dabei mehr als Schulnoten.

19. Geschichten aus Wortkärtchen legen und kleben
Geschichtenbänder herstellen

Die Idee, Geschichten aus Wortkärtchen aufzubauen, führt zunächst dazu, dass die Kinder Nomen sammeln, die zu einem thematischen Rahmen gehören und eine vorbedachte oder sich ergebende Ereignisfolge präsentieren. Sie werden dann auf einfache weiße Kärtchen geschrieben. Mit den Nomen legen die Kinder dann die Ereignisfolge auf Tischen aus. Das Stichwort „Stadt" steht dann z. B. für alles, was an der Stadt wichtig ist, wo sie liegt, wer in der Stadt wohnt, was sie plant etc. Das Stichwort „Insel" repräsentiert dann z. B., wo die Insel liegt, wie sie aussieht, was auf ihr Besonderes zu finden ist. Die Stichwörter schaffen ein vieldimensionales Feld, das erst beim ausführlichen Erzählen vorstellbar wird.

Wenn eine Geschichte vorüberlegt, geplant, aufgelegt und auch erzählt worden ist, können die Wortkärtchen auf lange farbige Papierbänder geklebt und dann als Merk- bzw. Erinnerungshilfen für das mündliche Erzählen genutzt werden. Sie sind dann gewissermaßen „An-Halts-Punkte" für eine Geschichte.

Für die Grundschule wird damit eine erste Form des Erzählbaukastens vorgeschlagen, die nur Wörter, gewissermaßen Stichwörter als Erinnerungshilfen für eine ausgedachte Geschichte verwendet. Trotz stark reduzierter Botschaft zeigen diese Wörter den Verlauf und auch den Inhalt einer Geschichte so an, dass sie von denjenigen, die sich die Geschichte ausgedacht haben, frei erzählt werden kann.

Die fertigen Geschichtenbänder können – zusammengeklappt oder aufgerollt – leicht aufbewahrt werden (z. B. in Briefumschlägen).

Wenn das Angebot zum Geschichtenbauen mehrfach und von verschiedenen einzelnen Kindern, Partner- oder Kleingruppen aufgegriffen wird, entsteht nach und nach eine Anzahl von Dokumentationen, die zum Wiedererzählen und Weitererzählen anregen.

Beispiel 1: In groben Zügen wird eine alltägliche Tiergeschichte mit einem Igel deutlich, die erst beim Erzählen mit vielfältigen, veränderbaren und auch neu hinzugefügten Details ausgestattet werden kann.

Beispiel 2: Die aneinander gereihten Nomen stellen den „roten Faden" für eine spannende und zugleich rätselhafte nächtliche Geschichte an einem See dar, in der einem Traum zentrale Bedeutung zukommt.

Beispiel 3: Hierbei handelt es sich um eine eher orientalische Geschichte von einem teppichhandelnden Kaufmann, die in einem fiktionalen Rahmen spielt. Auch sie wird während des Erzählens mit vielen facettenreichen Details ausgestattet. Die Kinder erzählen die Geschichte um die Nomen herum.

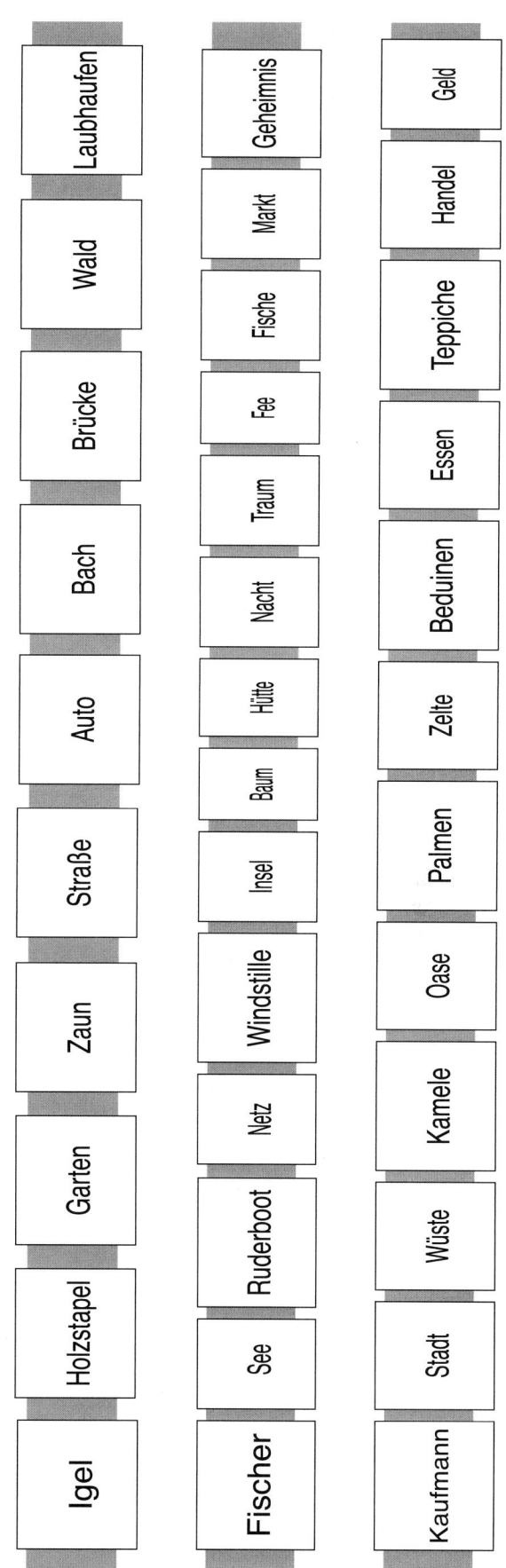

Abb.: Drei Geschichtenbänder

20. Märchenbaukasten

Ein Märchenbaukasten besteht aus einer größeren Anzahl gleich großer Karten aus festem Zeichenkarton, und zwar in verschiedenen Farben. Auf jeder Karte steht nur ein Wort, z. B. Königin oder König, Hexe oder Fisch. Die verschiedenen, willkürlich festgelegten Farben stehen für verschiedene Kategorien, denen die einzelnen Märchenwörter zugeordnet werden können.

Beispiel: Das Märchenwort König gehört zur Kategorie Personen (reale oder fiktionale) und wird z. B. auf eine Karte aus rotem Karton geschrieben, zweckmäßig in Druckbuchstaben. In der Kategorie märchenhafte Personen werden dann alle Figuren gesammelt, die von den Kindern einer Klasse zusammengetragen werden. Die Ergebnisse können von Klasse zu Klasse aufgrund der jeweils vorhandenen Erfahrungen mit Märchen und märchenhaften Personen sehr unterschiedlich ausfallen und z. B. durchaus 20 bis 30 Karten umfassen. Folgende Kategorien eignen sich für einen Märchenbaukasten:

- Personen (roter Karton)
- Tiere (gelber Karton)
- Gebäude (blauer Karton)
- Orte/Gegenden (grüner Karton)
- Gegenstände (brauner Karton)
- Kleidungsstücke (orangefarbener Karton)
- Speisen (hellblauer Karton)
- Getränke (ockerfarbener Karton)
- Fahrzeuge (lila Karton)
- Pflanzen (hellgrüner Karton).

Anfangs genügen etwa fünf Kategorien. Je nach Übung und Interesse der Kinder können später mehr folgen.

Es empfiehlt sich außerdem, eine Anzahl von weißen Karten bereitzuhalten, die später beim Ausdenken einer Geschichte als hilfreiche „Joker" dienen sollen. Wird ein zusätzliches märchenhaftes Wort gebraucht, kann es schnell auf der Blankokarte notiert werden.

Das Sammeln von Märchenwörtern beginnt anhand treffender Beispiele im Gesprächskreis. Es werden zunächst Listen zusammengestellt und durch gezieltes Nachfragen im „literarischen Erfahrungsraum" der Kinder ergänzt (auch durch Nachschlagen und Blättern in vorhandenen Märchenbüchern). Dann übertragen die Kinder die aufgefundenen Wörter auf die Karten. Alle Wortkarten werden in einem geeigneten Kistchen gesammelt und stehen dann für das Erfinden und Ersinnen von neuen Märchen und märchenähnlichen Geschichten zur Verfügung.

Wenn die Wortkarten nach Art einer Kartei im Kistchen stehen, kann jedes Kind an den Farben leicht sehen, ob alle Karten richtig eingeordnet sind.

Zwei Möglichkeiten für die Ausgestaltung der Karten:

- Auf jeder Karte befindet sich nur ein Wort.
- Auf jeder Karte befindet sich ein Wort, z. B. „Elfe", sowie ein Bild, das ein Kind gemäß seiner Vorstellung von einer Elfe gemalt hat.

Kinder drängen oft darauf, die Märchenwörter bildlich darzustellen, vor allem jene, die sie mit ganz eigenen Vorstellungen verknüpfen. Andererseits schränken sie damit die Imaginationen all der Kinder ein, die den Märchenbaukasten nutzen wollen, wenn er fertig ist. Ist nämlich mit dem gemalten Bild die Vorstellung von einer Elfe festgelegt, entstehen oft keine anderen Vorstellungen mehr.

Ich bevorzuge deshalb Märchenbaukästen mit Wortkarten ohne Bilder.

Haben die Kinder den Märchenbaukasten fertig gestellt, bieten sich zwei Vorgehensweisen an:

- Erstens: Die Kinder legen alle Wortkarten offen auf Tischen aus und suchen sich daraus die passenden Wörter (aus jeder Kategorie eine Karte) zu einem bereits in groben Zügen antizipierten Märchen zusammen. Anschließend denken sie sich allein, mit einem Partner oder in einer Kleingruppe das ganze Märchen aus.
- Zweitens: Die Kinder ziehen aus jeder Kategorie eine Karte (nach dem Zufallsprinzip) und legen sie nebeneinander auf den Tisch.

Aus der Zufallskonstellation von Reizwörtern, die anfänglich hin und her geschoben und durch einen Joker ergänzt werden kann, entsteht dann das erste Gerüst eines Märchens, das dann ausformuliert und für das Erzählen im Kreis vorbereitet werden kann.

Kinder fangen in der Regel mit den märchenhaften Personen an. Die Wortkarte dient als offener Anreiz für eine genauere Beschreibung. Sie wirft z. B. Fragen danach auf, wie sie aussieht, welche Kleidung sie trägt, was sie kann oder was sie gerne hat.

Aus diesen Fragen, die durchaus erweitert werden können, entsteht dann z. B. die konkrete Vorstellung von einem kleinen dicken König, der eher eine kleine, unbeholfene und liebenswerte als eine große, erhabene, prunkvolle und weise Figur macht, der eine besondere Krone trägt und einen blauen Mantel, gelbe Pantoffeln etc. Seine Charakterzüge werden ebenfalls „erschaffen": Er ist hilfsbereit, friedlich, gelegentlich ein wenig dusselig oder aber böse und herrschsüchtig. Er bekommt alle Eigenschaften, die die Kinder ihrem König (oder ihren Königen!) zuordnen wollen.

Vor allem seine charakterlichen Eigenschaften bestimmen später den Ablauf des entstehenden Märchens. Selbstverständlich kann er auch über geheimnisvolle Kräfte verfügen – mit dem Märchenbaukasten ist alles möglich. Auch Klischees treten auf oder Zitate aus bekannten Märchen werden einbezogen.

Mit der zweiten Karte, z.B. einem Fisch, ergibt sich gleich die Frage: „Ist's ein richtiger Fisch oder ein(e) verwandelte(r) ...?"

Die dritte Karte, der märchenhafte Gegenstand (in unserem Beispiel der Ring), kann vorhanden oder verschwunden sein, nur Gegenstand oder Träger geheimnisvoller Kräfte sein, im Besitz des Königs oder von seinem Gegenspieler entwendet sein ... – alle Möglichkeiten stehen offen.

Wenn ein Gegenspieler fehlt (z.B. wenn der Fisch nur Medium für eine Botschaft, für Hinweise oder Wegmarken oder noch nicht „erlöst" ist), können die Kinder beispielsweise den Joker benutzen und schnell einen Zauberer oder eine böse Fee ins Spiel bringen.

Das Gebäude, die Ruine wie auch der märchenhafte Ort, in unserem Beispiel der Wald, werden ebenfalls erdacht und für ein Märchen ausgestaltet.

Dafür sind kleine Planungskarten oder -zettel nützlich, auf denen die aufgefundenen und gemeinsam verabredeten (ausgehandelten!) Merkmale bzw. Kennzeichen der Märchenwörter in Stichwörtern festgehalten werden.

Planungszettel

<u>Ruine</u>

uralt
schwarze Mauern
tiefer Keller   gruselig
ohne Dach   gefährlich
ohne Türen   geheimnisvoll
Mäuse?

Ist beim Ausdenken und Ausgestalten der Reizwörter aus dem Märchenbaukasten das Märchenmotiv noch unklar, macht das gar nichts. Denn beim Spiel mit den Wörtern, mit den durch sie ausgelösten Vorstellungen und Gedanken entstehen Ideen, klärt sich in fast allen Fällen auch das Motiv, das alle zufällig aus dem Kasten gezogenen Märchenwörter zu einem neuen Märchen, zu einer neuen Geschichte verbindet.

Am besten entfalten sich Märchen aus Reizwörtern des Märchenbaukastens in Partner- oder Kleingruppen, wenn sich nämlich die Kinder wechselseitig anregen und auf Ideen bringen. Allerdings müssen sie dann die Details ihres Märchens aushandeln, um es später im Kreis erzählen zu können.

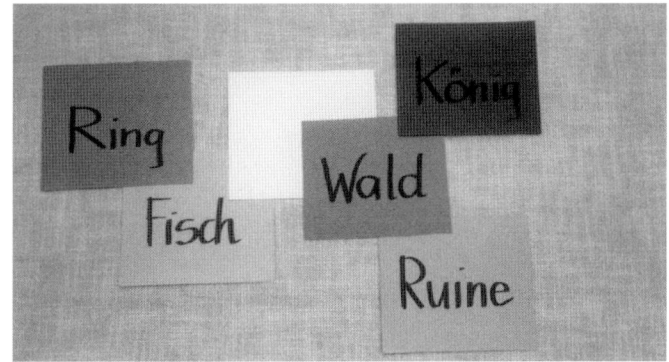

**Praxisbeispiel
aus einer
4. Klasse**

Elefant

Tiere

Palast

Gebäude

Bücher, die sich
von selbst vorlesen.

rätselhafte Dinge

Auto

Lehrerin

Fahrzeuge

Menschen

Domröschen

Schneeberge

Märchenfiguren

Landschaften

Mit unserem neuen Märchenbaukasten haben wir
Anfang Februar zum ersten Mal ein Märchen
geschrieben.
Jedes Märchen rankt sich um sieben Märchenwörter:

Abb.: Praxisbeispiel

21. Fantasiebaukasten

Wie der Märchenbaukasten enthält auch der Fantasiebaukasten gleich große und verschiedenfarbige Karten aus Zeichenkarton. Auf jeder Karte steht ein Wort, z. B. „Meggawatz" oder „Urambol". Die verschiedenen Farben markieren die Kategorien (Oberbegriffe), denen die einzelnen Fantasiewörter zugeordnet werden können. Beispiel: Das Fantasiewort „Meggawatz" gehört zur Kategorie „fantastische Tiere" und wird auf eine Karte aus gelbem Karton geschrieben.

In dieser Kategorie werden dann alle anderen fantastischen Tiere gesammelt, die sich die Kinder einer Klasse ausdenken. Jede und jeder kann unbegrenzt fantastische Wörter erfinden. Der Übergang zu märchenhaften Wörtern ist fließend; Pedanterie stört hier nur.

Quellen für fantastische Wörter können außerdem sein: Kinderbücher, Comics, Fernsehsendungen und natürlich der eigene, fantasiebegabte, produktiv und kreativ kombinierende Kopf.

Auch diese Sammlung wird von Klasse zu Klasse sehr unterschiedlich ausfallen.

Die Sammlung von fantastischen Wörtern kann zunächst einmal als längerfristige Aufgabe gestellt werden.

Die Kinder sollten reizvolle, unbekannte, merkwürdige, aufregende, ungewöhnlich, geheimnisvoll und gruselig klingende Wörter (von denen eigentlich niemand etwas Genaues weiß!) zusammentragen, mit alter oder neuer Bedeutung verwenden oder auch selbst erfinden und dann mit Bedeutung versehen.

Der Anstoß zum Sammeln sollte stets anhand von Beispielen im Unterrichtsgespräch gegeben werden.

Auch für den Fantasiebaukasten werden einfache Kategorien vorgeschlagen:

– Gestalten (roter Karton)
– Tiere (gelber Karton)
– Pflanzen (hellgrüner Karton)
– Gebäude (blauer Karton)
– Orte/Gegenden (grüner Karton)
– Kleidungsstücke (orangefarbener Karton)
– Speisen (hellblauer Karton)
– Getränke (ockerfarbener Karton)
– Fahrzeuge (lila Karton)

Zunächst sollte man mit wenigen Kategorien anfangen. Wenn die Kinder öfter Gelegenheit zum Erfinden und Entfalten von fantastischen Geschichten hatten und darin ein wenig geübt sind, können weitere Kategorien hinzugenommen werden bzw. sich beim Geschichtenerfinden als notwendig erweisen.

Im Gegensatz zu den Märchenwörtern sind Fantasiewörter offener, d. h. sie verbinden sich bei den Kindern nicht mit bekannten Vorstellungen, sondern bieten weitaus mehr Möglichkeiten zur Ausgestaltung.

Alle Fantasiewörter werden in Druckschrift auf farbige Karten geschrieben und in ein passendes Kistchen eingeordnet, ggf. mit neutralen Trennblättern unterteilt.

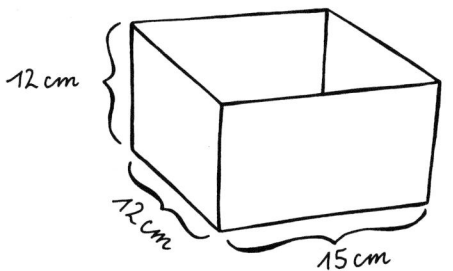

Gebraucht werden:
Ein kleiner fester Kasten aus Pappe oder Holz.

Trennblätter aus fester Pappe, die genau in den Kasten passen.

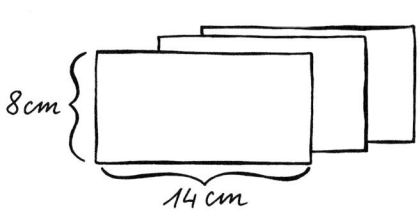

Kärtchen aus Zeichenkarton in verschiedenen Farben, z. B. weiß, gelb, rot, grün, orange, blau …

Dann sammeln die Kinder die Wörter für den Fantasiebaukasten (siehe auch Wörterlisten), schreiben sie auf Kärtchen und ordnen sie hinter den Trennblättern ein.

Abb.: Bauanleitung

Wie beim Märchenbaukasten bieten sich, wenn der Fantasiebaukasten mit genug Wortkarten gefüllt bereitsteht, zwei Vorgehensweisen zum Einstieg in eine Fantasiegeschichte an:

– Die gezielte, absichtsgeleitete Auswahl von zueinander passenden Wörtern (je eins aus jeder Kategorie), aus denen dann einzelne Kinder, Partner- oder Kleingruppen ihre Geschichte konzipieren.
– Das Ziehen von je einer Wortkarte aus jeder Kategorie nach dem Zufallsprinzip. Anschließend soll aus dieser Zufallskonstellation von Wörtern eine Geschichte erdacht werden.

Beispiel (Kleingruppe, sechs Kategorien):
Am Anfang sitzen alle Kinder rund um einen Tisch. In der Mitte liegen die gewählten oder gezogenen Karten aus dem Fantasiebaukasten.

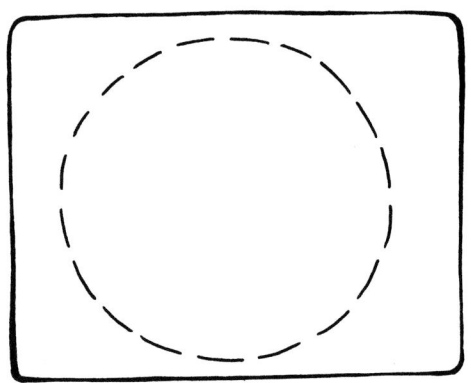

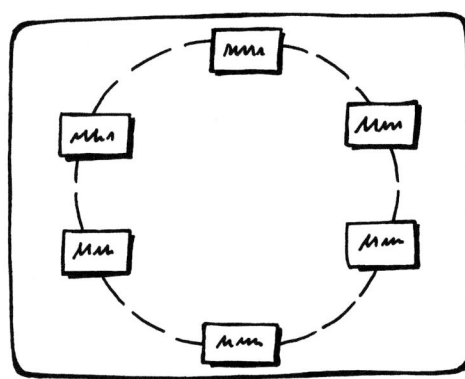

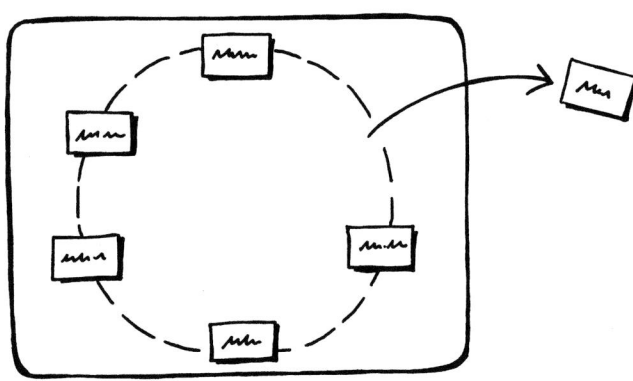

Abb.: Kreis mit Karten

– Zunächst sitzen alle eine Weile ganz still und denken nach.
– Wer eine Idee hat, greift sich die erste Karte und beginnt mit dem Formulieren.
– Sobald ihm nichts mehr einfällt, macht das nächste Kind weiter, z. B. auch mit einer anderen Karte usw.

Mit anderen Worten: Anhand der Wörter beginnen die Kinder ihre Imaginationen zu entfalten, die Vorstellungen zu „erschaffen".So wird etwa das fantastische Tier „Meggawatz" gedanklich und im Gespräch zu einem fleischfressenden, riesigen, im Gebirge lebenden, steingrauen Monstertier ausgestaltet, das ein riesiges Maul und eine brüllende Stimme hat und seine Nachbarschaft in Angst und Schrecken versetzen kann.
Wieder eignen sich Planungskarten oder -zettel, um die aufgefundenen Merkmale und Kennzeichen stichwortartig für weitere Gedankenspiele und Überlegungen zu notieren und allen Beteiligten stets vor Augen zu halten.
Wenn so alle Reizwörter aus dem Fantasiebaukasten immer deutlicher werden, beginnt die Geschichte, findet sich ein Anfang, von dem aus sich die einzelnen Abschnitte und Teile, d. h. die Ereignisfolge der Geschichte entwickeln kann.
Der hohe Reiz der Fantasiegeschichte liegt für Kinder häufig darin, ganz in die Fantasie einzutauchen oder aber die Fantasiewelt mit der realen Welt zu konfrontieren.
Daher sollten auch die einzelnen Episoden und Ereignisse für das mündliche Erzählen nur in Kurzform (z. B. mit Stichwörtern auf Karteikarten oder Zetteln) festgehalten werden.
Wenn die Kinder dann die im Entstehen begriffene Geschichte ändern wollen (z. B. deshalb, weil ihnen etwas anderes, etwas Treffenderes einfällt), notieren sie dies neu auf ihrer entsprechenden Karteikarte und streichen die alte Notiz aus. Erst unmittelbar vor den ersten Erzählversuchen wird die endgültige Fassung der Karteikarte hergestellt. Später dienen die einzelnen Karteikarten (möglicherweise nach den ersten Erzählversuchen ergänzt oder überarbeitet) als Erzählhilfe, die das Erinnerungsvermögen beim Erzählen stützen. Die Folge der Karteikarten stellt gewissermaßen ein Gerüst für das Erzählen dar.
Im Übrigen können sich viele Kinder, die Geschichten auf diese Weise erfunden und vorbereitet haben, die Endform merken. Die Karteikarten vermitteln ihnen im Erzählkreis Sicherheit für den Fall, dass sie doch etwas vergessen sollten und stecken bleiben. Je intensiver Kinder sich mit ihrem Entwurf in „geselliger Praxis" beschäftigt haben, desto besser funktioniert ihr Gedächtnis beim Erzählen. Dazu gehört auch, dass einzelne Kinder, Partner- oder Kleingruppen Hilfe vonseiten der Lehrerin oder des Lehrers und der Kinderkonferenzen (ähnlich wie Schreibkonferenzen) und Beratung in Anspruch nehmen können.
Die Kinder einer Klasse sollten die Vorgehensweise beim Erfinden und Entwerfen von Geschichten auf der Grundlage von Märchen- und Fantasiebaukasten an

ein oder zwei Beispielen genau kennenlernen. Erst danach sollten beide Baukästen in das frei zugängliche und frei wählbare Angebot für Deutsch und für Freie Arbeit aufgenommen werden.

Wörterlisten für einen Fantasiebaukasten

1. Fantastische Gestalten (rote Karten)

König Kuno	Humm
Königin Elise	Guckes
Kräuterfrau	Marsmännchen
Waldschrat	Venusweibchen
Vampir	Feuerspringer
Flaschengeist	Flammenfrau
Dschinn	Gartenzwerg
Stadtuhren-Wicht	Erdmännchen
Schloss-Gespenst	Lila Muskelmonster
Urambol	Lügen-Jule
Kuschelbozzel	Räuberhauptmann
Schwarzer Ritter	Räuberbraut
Wassermann	Tiefseeriese
Nixe	Feuerdrachen
Wasserweibchen	
Seejungfrau	
Tarzan	
Dusseldongdong	
…	…

2. Fantastische Gebäude (blaue Karten)

Spukschloss	Windhalle
Feenpalast	Sprücheklopferei
Gruselruine	Unheimliche Altstadt
Unsichtbarer Bahnhof	Unkenkeller
Traumstraße	Uraltes Haus
Wanderzirkuszelt	Singendes Dorf
Windschiefe Holzhütte	
…	…

3. Fantastische Orte/Gegenden (grüne Karten)

Riesengebirge	Unheimliche Waldlichtung
Honigfluss	Trollsteine
Zitroneninsel	Nixenplätscherbach
Schmetterlingstal	Eisgebirge
Planet Sarrastro	Schuhwald
Bärenhöhle	Elfenmoor
Steinzeittal	Zuckerurwald
Schwanenweiher	
…	…

4. Fantastische Gegenstände (braune Karten)

Tarnkappe	Nieswurzel
Schwarzer Umhang	Springwurzel
Roter Federschlapphut	Galoppierhose
Lederrüstung	Bleischuhe
Ringelsocken	Zauberhut
Springstrümpfe	Zauberstab
Siebenkilometerstiefel	Schwarze Maske
Goldene Rüstung	Zauberfarben
Wunderauto	Zauberbuch
Gelbes U-Boot	Sternenrakete
Wunderlampe	Fliegender Teppich
Altes Segelschiff	Drachenflieger
Goldene Kutsche	Schatzkiste
Zaubergeige	Lachsack
Raumfähre	Tagundnachtschalter
Ufo	Verwandlungssalbe
Traumpilz	Blaue Blume
Mondrose	Kleinmachertropfen
Großmachersaft	Zeitmaschine
…	…

5. Fantastische Tiere (gelbe Karten)

Feuerdrachen	Muh-Ochse
Brontosaurus	Kapuzineraffe
Tyrannosaurus	Riesenraupe
Riesenmaus	Gummiwurm
Jumbo-Adler	Walross
Mitternachtseule	Ochsenfrosch
Flügelpferd	Schmor
Zentaur	Gelbes Untier
Fliegelflagel	Würgeschlange
Sing-Beo	Dondo
Einhorn	Wieselmaus
Wurzelsau	Weißer Hai
Loopinghummel	Riesenschmetterling
Wildgans Erika	
…	…

Wörter-Kombinier-Maschine für den Fantasiebaukasten

Diese an sich längst bekannte Methode, um mit Nomen Komposita zu bilden, kann auch im Zusammenhang mit dem Fantasiebaukasten angeboten werden. Die Wörter-Kombinier-Maschine hilft den Kindern dabei neue Fantasie-Wörter zu finden, die in einer entsprechenden Geschichte kreative Impulse setzen können.

Sie wird aus zwei rechteckigen Pappstücken aus stabilem farbigem Zeichenkarton hergestellt. In eines der Rechtecke (Oberteil) werden zwei Sichtfenster eingeschnitten.
Auf das andere Rechteck (Unterteil) werden drei Pappstreifen geklebt, die später die problemlose Führung der Wörterstreifen gewährleisten sollen.

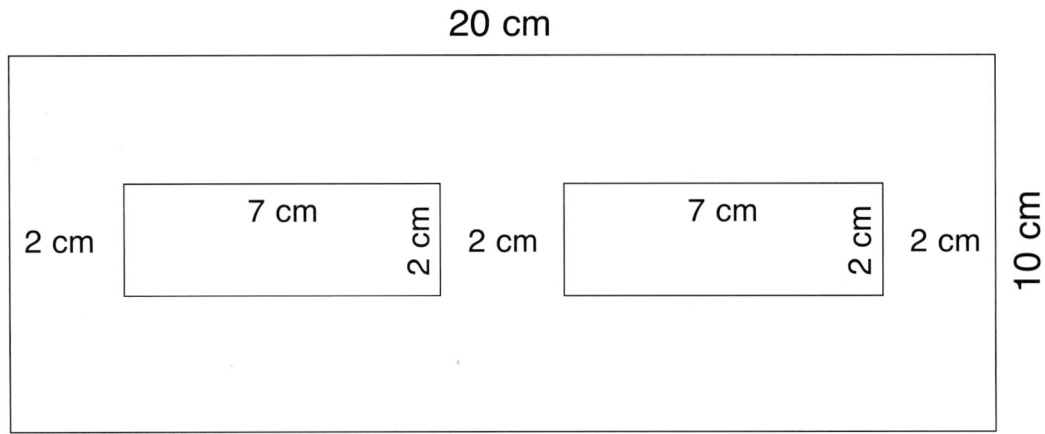

Abb.: Oberteil

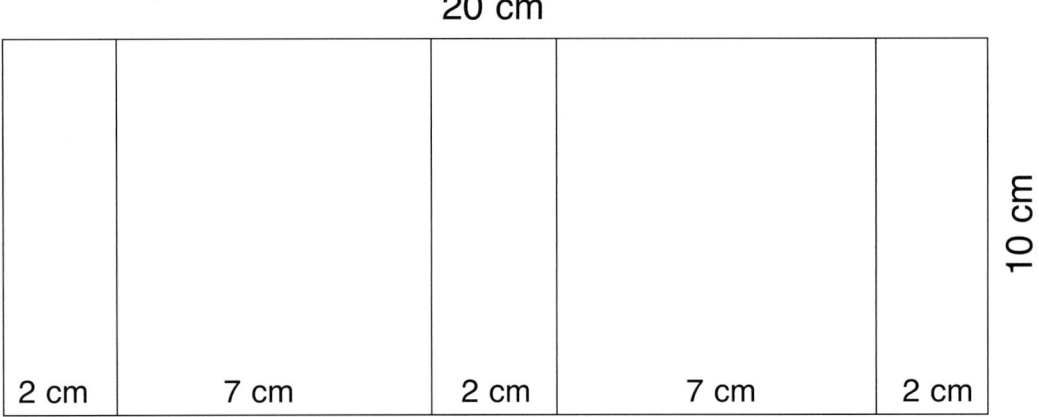

Abb.: Unterteil

Oberteil und Unterteil werden mit einem Tacker zusammengeheftet. In den Spalt schiebt man nun die Wörterstreifen. In den Sichtfenstern erscheinen dann nebeneinander zwei Wörter, die miteinander verknüpft werden können. Durch Verschieben der einzelnen Streifen ergeben sich immer wieder neue Wortverbindungen.
Zwei Kombinationen von Wörterstreifen ergeben erfahrungsgemäß eine große Anzahl brauchbarer Fantasiewörter:

– Nomen und Nomen (Beispiel 1)
– Adjektive und Nomen (Beispiel 2).

Die Herstellung der Wörter-Kombinier-Maschine und auch der Wörterstreifen sind reizvolle Aufgaben für Grundschulkinder.

Traum	Boot
Eis	Auto
Wunsch	Ei
Riesen	**Lampe**
Zwerg	Blüte
Fee	Wurzel
Eisen	See
Räuber	Haus
	Suppe

Abb.: Wörter-Kombinier-Maschine

Traum	Boot
Eis	Auto
Wunsch	Ei
Zauber	Weg
Wunder	Kamel
Riesen	Lampe
Wind	Schloss
Holz	Trank
Zwerg	Blüte
Fee	Wurzel
Eisen	See
Räuber	Haus
	Suppe

unheimlich	Schloss
gruselig	Schiff
geheimnis-voll	Fahrrad
wundersam	Ritter
steinalt	Wald
zauberhaft	Wurzel
merkwürdig	See
riesig	Tanzschuh
quittengelb	Brücke
meerblau	Gockelhahn
grasgrün	Haus
rosenrot	Blume
ekelhaft	Elfe
	Brei

Beispiel 2

22. Reihengeschichten mit dem „roten Faden" und den Anhaltspunkten

Die linear aufgebauten Fühlbücher (→ S. 65) und die sog. Reihum-Geschichten (→ S. 57) geben für das Geschichtenerfinden und -erzählen in „geselliger Praxis" den daran beteiligten Kindern übersichtliche Erzählstrukturen vor. Daran können sie ihre vielfältigen und detaillierten Ideen, Vorschläge und sprachlichen Aushandlungsergebnisse als später benötigte „Anhaltspunkte" zum mündlichen Erzählen festmachen. Letztlich ergeben diese Anhaltspunkte die gemeinsame Geschichte (siehe Claussen, C.: Fühlbücher selber machen. In: Die Grundschulzeitschrift 20/1988, S. 26 ff. sowie Claussen, C./Merkelbach, V.: Erzählwerkstatt – Mündliches Erzählen, Braunschweig 1995, v. a. ab S. 83 ff.).

Die bereits dargestellten einfachen und komplizierten Grundformen zur strukturellen Ordnung von Geschichten für die offene Erzählwerkstatt können von den Kindern kreativ ausgestaltet werden, sodass aus der zunächst inhaltsleeren Grundform eine Erzählpartitur wird. Dabei wird der Begriff „Partitur" durchaus im Sinne eines „Stimmenbuches" benutzt: Die selbst gestalteten Erzählpartituren ermöglichen es den Kindern später, „vom Blatt" zu erzählen.

Die einfacheren Grundformen eignen sich auch für Grundschulkinder. Sie stellen einzelnen Kindern, Partner- oder Kleingruppen spezifische Aufgaben, z. B. bei einer linear geordneten Geschichte Anfang und Ende genau zu bedenken oder bei einer sog. Rundum-Geschichte wieder an die Ausgangsposition zurückzukehren.

Grundformen zur strukturellen Ordnung geben vor allem beim „flüchtigen" mündlichen Erzählen Hilfen, beeinflussen allerdings die inhaltliche Ausgestaltung von Geschichten wenig. Sie geben Kindern beim Ausdenken und Aushandeln von Geschichten ein „hilfreiches Seil in die Hand", an dem sie sich entlanghangeln können. Mit dieser Formulierung war auch die Idee des „roten Fadens" gewonnen, eines einfachen methodischen Mittels, mit dem Kinder eigene Geschichten konzipieren können. In der Praxis bedeutet dies: Nach Einführung des „roten Fadens" wird dieses methodische Mittel in der Erzählwerkstatt allen Kindern für eigene Entscheidungen zugänglich gemacht und kann dann – etwa im Rahmen der Freien Arbeit – entsprechend genutzt werden.

An mehreren Beispielen möchte ich skizzieren, wie mit dem „roten Faden" gearbeitet werden kann.

Als Grundausstattung werden zunächst eine dicke rote Schnur (Kordel), kleine Wäscheklammern, farbige und schwarz-weiße Abbildungen (in kleinen Kartons gesammelt) sowie kleine weiße oder farbige Karteikärtchen (DIN A7) benötigt.

Beispiel 1: Der „rote Faden" mit Bildkarten

Dieses Beispiel weist gewisse Ähnlichkeiten mit der Verwendung von Gegenstandsabbildungen bei den Flachfiguren (siehe dazu „Erzählfamilien" und „Cliquen" → S. 35 und 40) auf.

Selbst gefertigte Pappkarten mit Abbildungen von Gegenständen (z. B. Uhr, Telefon, Haus, Auto, Schrank, Truhe etc.) und Orten (Wald, Gebüsch, Park, Flussufer, Straße etc.) sowie von Personen und Tieren können z. B. aus zerschnittenen und ausgemusterten Schulbüchern und ähnlichen Quellen gewonnen werden.

Zu Beginn wird der rote Faden vor der großen Wandtafel aufgespannt und an beiden Enden gut befestigt. Der Anfang links wird durch ein Kärtchen mit einem großen A und das Ende rechts durch eines mit einem großen E gekennzeichnet. Dies ergibt die Grundform für eine typische Reihengeschichte (lineare Struktur).

Anschließend wird die handelnde Person, werden die handelnden Personen ausgewählt und die entsprechenden Pappkarten mit Wäscheklammern befestigt sowie mit Gegenstandsabbildungen verknüpft, z. B. mit Telefon, Uhr und Fahrrad.

Im abgebildeten Beispiel handelt die anfängliche Erzählpassage von einer telefonischen Verabredung, kurz vor 14.00 Uhr, zu der der Gesprächspartner des Mädchens mit dem Fahrrad kommt. Dem Gang der Geschichte folgend, werden nach und nach weitere Bilder am roten Faden befestigt. Die Autoren gewinnen so „Anhaltspunkte" für das Erzählen der fertig konzipierten Geschichte.

Der Treffpunkt der beiden Kinder liegt in dem vorgestellten Beispiel an einem efeuüberwachsenen Haus. Hier beginnt ihre Entdeckungsreise im Stadtpark. Ein Igel, ein abgenagter Fichtenzapfen, ein Eichhörnchen, ein Fliegenpilz und eine neugierige, handzahme Kohlmeise tauchen in der Geschichte auf. Der abendliche Abschluss wird durch eine untergehende Sonne verdeutlicht. Anhand der aufgereihten Bilder können sich

Abb.: Aufgehängte Abbildungen

die Kinder an ihre Geschichte erinnern und sie „um die Bilder herum" entlang des „roten Fadens" erzählen.

Beispiel 2: Der „rote Faden" mit Wortkarten

Benutzt man Wortkarten für den „roten Faden", haben sie gegenüber den Bildkarten den Vorteil, dass sie die Gedanken bzw. Fantasie der Kinder weitaus weniger einengen. Konnte bei den Bildkarten aus konkreten Bildern ausgewählt und daraus eine Geschichte konzipiert werden, eröffnen sich mit Wortkarten weitaus größere Möglichkeiten.

Die nachfolgend beschriebene Einführungsstunde für den „roten Faden" skizziert zugleich die methodische Vorgehensweise.

An dem vor der Wandtafel aufgespannten roten Faden hing zunächst nur ein Kärtchen mit einem großen „A", ein Kärtchen mit dem Wort „Igel" und ein Kärtchen mit einem „E" für Ende.

Den Kindern war klar, dass eine Erzählgeschichte entstehen sollte. Während des ersten Unterrichtsgesprächs, in dem die Kinder viele konkrete Erfahrungen und Wissensbestände äußerten, wurden zwei mögliche Erzählperspektiven erkennbar:

- eine Situationenfolge (ohne Höhepunkt) mit dem Igel;
- eine Ereignisfolge (ebenfalls ohne Höhepunkt) von Begegnungen des Igels mit anderen Tieren.

Zunächst entstand eine Geschichte mit Situationenfolge.

Sie begann zufällig mit einem Holzstapel, unter dem der Igel wohnte, und verband sich dann mit seinem Ziel, den Garten am Haus zu verlassen.

Die Situationenfolge in Stichworten:

- im **Garten** herum laufen
- das **Loch** im **Gartenzaun** finden
- einen **Abhang** hinunterrollen
- im **Straßengraben** landen
- zur **Straße** hinaufklettern
- über die **Straße** laufen
  (vorher warten, bis kein Auto mehr kommt)
- durch eine **Wiese** laufen
- an einen **Bach** kommen
  (nicht schwimmen wollen, nicht nass werden wollen)
- den **Bach** entlang bis zur **Brücke** laufen
  (den Bach überqueren)
- einen **Weg** entlanglaufen
- den **Waldrand** erreichen
- einen **Busch** mit einem **Laubhaufen** finden
- im **Laubhaufen** schlafen

Die hervorgehobenen Wörter wurden während der Genese der Geschichte nach und nach auf kleine Karteikarten geschrieben und an den roten Faden gehängt. Während sich das leere Fadenstück von links nach rechts allmählich mit Kärtchen füllte, benannten einige Kinder als Ziel des Igels den „Laubhaufen im Wald"; entsprechend wurde ein Kärtchen rechts vor dem „E" aufgehängt. Schon während der Aufreihung der einzelnen Situationen äußerten die Kinder viele Ideen im Zusammenhang mit den einzelnen Situationen.

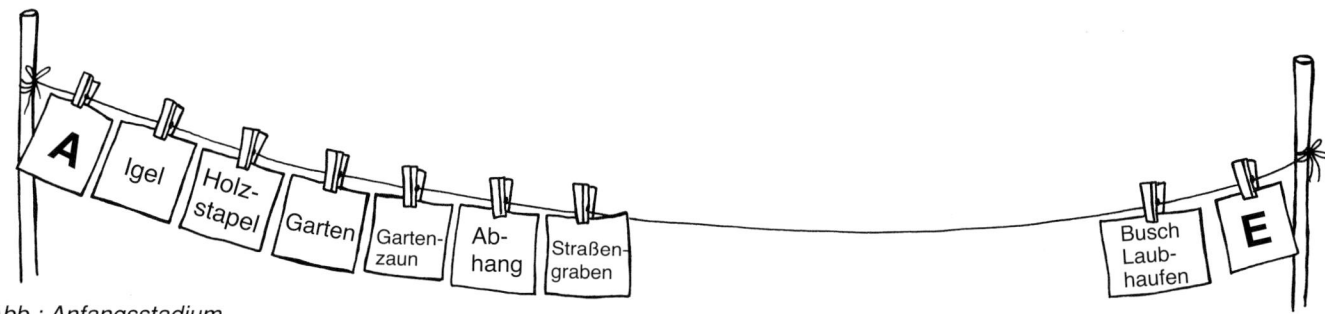

Abb.: Anfangsstadium

Als schließlich alle Kärtchen aufgehängt waren, konnten mehrere Kinder nacheinander die ganze Geschichte (mit spontanen Ergänzungen und Einwürfen) am Faden entlang erzählen. Am Folgetag wechselten die Kinder Situationen gegen Tiere aus. Ihre Reihenfolge wurde von den Kindern ausgehandelt: Igel – Hase – Meise – Fuchs – Wurm – Schnecke – Marder – Ameise – Maus – Känguru aus Australien (ein Mädchen bestand darauf!).

Da alle Kinder nur solche Tiere vorschlugen, die sie recht gut kannten, verbarg sich hinter jedem Vorschlag eine lebendige Episode mit dem jeweiligen Tier:

- der Hase rannte davon, weil er die Stacheln fürchtete;
- die Meise piepste vom Baum herunter, dass der Igel nicht so schnaufen solle;

- der Fuchs beschnüffelte den Igel, der sich einrollte;
- der Wurm kam nicht weit – er wurde gefressen;
- der Schnecke erging es genauso;
- der Marder sprang in großen Sprüngen rückwärts, weil der Igel beherzt auf ihn loslief;
- der Ameise erging es wie dem Wurm und der Schnecke;
- die Maus erschrak und schlüpfte schnell in ein Loch;
- vor dem Känguru erschrak der Igel (weil es so groß war) und verkroch sich in einem Gebüsch.

Auch diese Geschichte wurde mehrfach erzählt (jeweils ein wenig verändert und mit spontanen Ergänzungen), wobei sich die Kinder immer auf die Episode mit dem Känguru freuten, die so ganz aus dem üblichen Rahmen fiel.

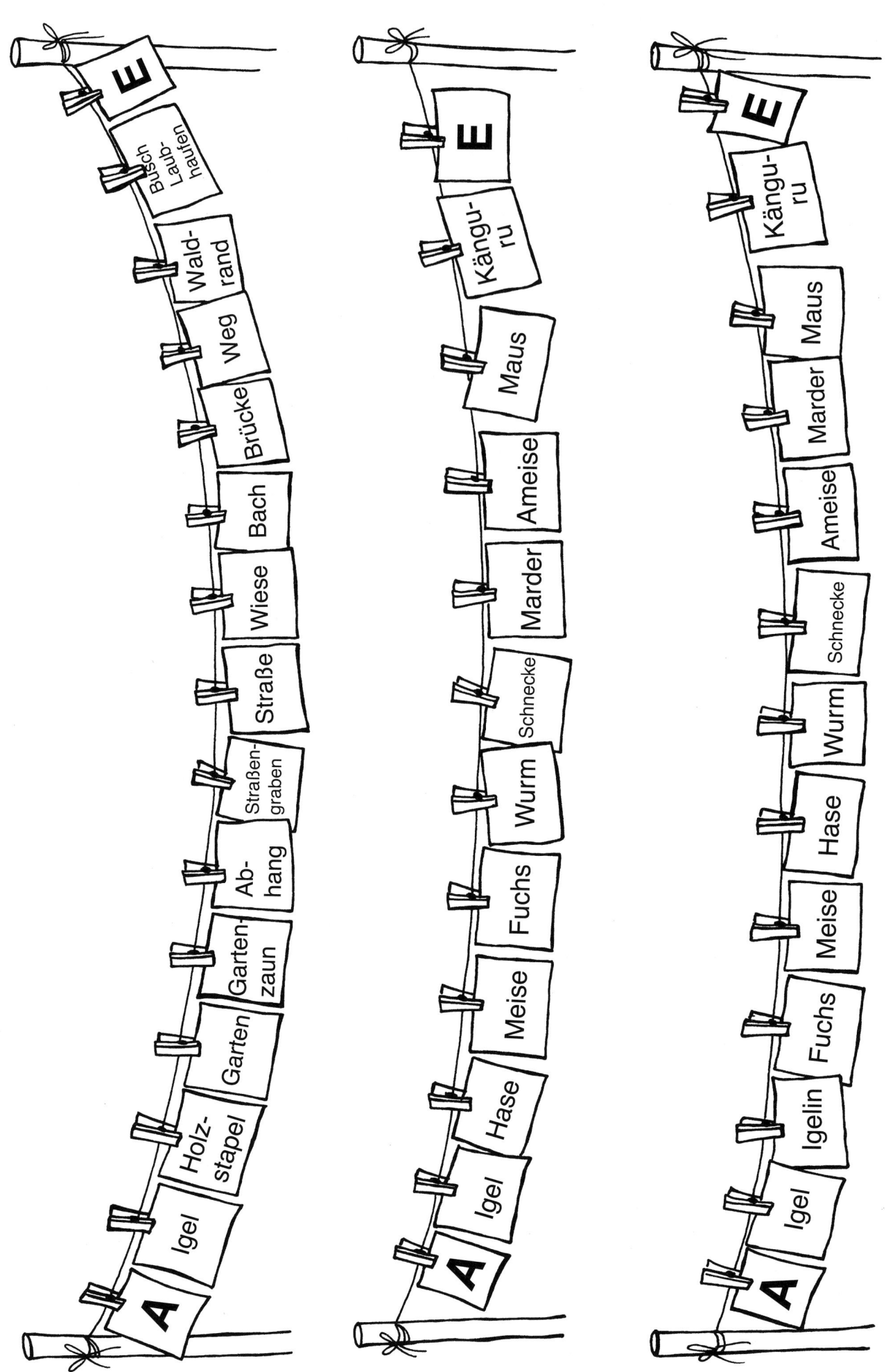

Abb.: Roter Faden

Tage später erfand eine Kindergruppe während der Freien Arbeit eine Variation dieser Reihenfolge. Sie fügte neben dem Igel noch die Igelin ein und entwickelte daraus eine Dialog-Geschichte, in deren Verlauf die beiden Protagonisten jeweils untereinander ausmachten, wie sie auf das jeweilige Tier reagieren wollten, das sie trafen. Sie stritten sich z. B. darum, wer von ihnen den Wurm, die Schnecke und die Ameise fressen dürfe. Witzigerweise entkam die Ameise, weil sie sich nicht einigen konnten. Ein Kind brachte beim Hasen das Märchen vom Hasen und vom Igel als Zitat ein. Den Marder bedrängten die Igel von zwei Seiten und die Angelegenheit mit dem Känguru aus Australien wurde zum Witz: Die Igelin fragte ihn, ob er sie ein Stückchen weit in seinem Beutel tragen könne, was das Känguru empört von sich wies und schnell wegsprang. Ein lachendes Igelpaar blieb zurück.

Eine andere Klasse, die den „roten Faden" mit dem Igel und den verschiedenen Tieren fertig vorfand (d. h. nicht am Verfertigen der Geschichte beteiligt war), erfand vor allem mit Blick auf das Känguru eine völlig andere Geschichte: Der Igel fragte die verschiedenen Tiere jeweils nach dem Känguru aus Australien, d. h. er suchte den Weg dorthin. Diese Geschichte wurde spannend, weil die einzelnen Tiere höchst unterschiedliche, teils nützliche, teils irreführende Hinweise gaben, die dem Igel jeweils völlig neue Aufgaben stellten.

Im gleichen Zusammenhang entstand die Idee, die Geschichte nicht ausführlich aufzuschreiben, sondern sie mittels der richtig geordneten Karteikärtchen in einem Briefumschlag aufzuheben (siehe dazu geeignete Dokumentationsformen für mündliches Erzählen → S. 91).

In der Einführungsstunde zum Thema „Der rote Faden" erfanden die Kinder eines 3. Schuljahres die Geschichte mit dem Titel „Aus dem Urwald".

Zunächst taucht darin der „kleine gute Geist aus der Flasche" auf, der – im Gegensatz zu seinem literarischen Vorbild aus dem Orient – in seiner Flasche wohnt. Von dort aus bricht er auf, um Gutes zu tun, z. B. Menschen und Tieren zu helfen, die ein „Problem" haben. Nach getaner Arbeit kehrt er zurück, um sich in seiner kleinen grünen Flasche auszuruhen.

Den „kleinen guten Geist" malten die Kinder auf durchsichtige Plastikfolie. So kann er zusammengerollt und dann wie ein Korken in die kleine Flasche gesteckt und auch wieder herausgezogen und entfaltet werden.

Die gewählte Figur wurde den Kindern vom Lehrer vorgegeben. Diese Vorgehensweise hilft ihnen beim Imaginieren von Erzählinhalten. Selbstverständlich können sie sich aber auch eigene Figuren ausdenken.

Außerdem erhielten die Kinder das Reizwort „Urwald". Mit den Kindern der 3. Schulklasse war es möglich, die (lange) Erzählgeschichte in drei Durchgängen am „roten Faden" zu konzipieren:

1. Durchgang: Die Kinder schlugen all jene Tiere aus dem Urwald vor, denen der kleine gute Geist dort begegnen sollte: Elefant – Tiger – große Affenbande – kleiner Fisch – Frosch – Warzenschwein – Riesenschlange – Leopard – Krokodil – kleiner Affe – Drache – Tarzan.

Diese Auswahl verdeutlicht, wie sich realitätsbezogenes Wissen mit fantasievollen Vorstellungen vermischte. Die Namen der Figuren wurden auf Kärtchen (DIN A6) geschrieben und in der verabredeten Reihenfolge auf den roten Faden gehängt.

2. Durchgang: Jeder Figur wurde ein spezifisches Problem zugeordnet.
Auch dieses Problem wurde (mit andersfarbiger Schrift!) auf dem Kärtchen vermerkt:

– Elefant … Dorn im Fuß
– Tiger … Zahnschmerzen
– große Affenbande … friert
– kleiner Fisch … zwischen Steinen eingeklemmt
– Frosch … hat eine zu große Fliege verschluckt
– Warzenschwein … Warzen jucken so
– Riesenschlange … hat sich verknotet
– Leopard … hat ein Bein verstaucht
– Krokodil … kriegt sein Maul nicht mehr zu
– kleiner Affe … hat sich verirrt
– Drache … kann kein Feuer mehr spucken
– Tarzan … hat Kreuzschmerzen

3. Durchgang: Bei der Begegnung mit dem „kleinen guten Geist" löst dieser jeweils geschickt das Problem:

– Elefant … Geist zieht den Dorn vorsichtig raus
– Tiger … zieht den kleinen Knochensplitter zwischen den Zähnen raus
– große Affenbande … rät, sich ganz eng zusammenzusetzen
– kleiner Fisch … rückt die Steine vorsichtig auseinander
– Frosch … massiert den Bauch
– Warzenschwein … rät, sich in den Teich zu legen
– Riesenschlange … zeigt, wie sie aus dem Knoten herauskommt
– Leopard … legt ein kaltes Tuch drauf
– Krokodil … klopft gegen den Oberkiefer
– kleiner Affe … bringt ihn zu der großen Affenbande
– Drache … sagt ihm, dass er brüllen soll, um alle zu erschrecken
– Tarzan … legt ihm Heilkräuter auf den Rücken

Auch die Problemlösungen werden jeweils auf den Kärtchen vermerkt (mit einer dritten Farbe).

Der komplette Entwurf mit allen Kärtchen hing anschließend übersichtlich am „roten Faden". Die Kinder erzählten die Geschichte Stück für Stück und nahmen dabei weitere spontane Einfälle und Einwürfe auf. Dann meldete sich ein Kind, das die ganze Geschichte alleine erzählen wollte. Es gelang ihm gut.

Auch diese Erzählgeschichte wurde als nummerierte Folge von Kärtchen in einem Briefumschlag „gespeichert".

Noch Wochen später fragten die Kinder nach, ob die Geschichte, in der die „Sache mit Tarzan" wie eine Pointe wirkte und immer wieder belacht wurde, nicht nochmal erzählt werden könne. Es gelang stets aufs Neue.

Die Kinder erinnerten sich an viele Details und erfanden neue dazu.

An einem weiteren Beispiel (aus einem 4. Schuljahr) soll gezeigt werden, dass bei einem ausgewählten Erzählanlass (der kleine gute Geist fliegt durch die große Stadt und trifft viele Menschen, die ein Problem haben) auch die ungeschminkte, zum Teil bedrängende Realität aus dem Alltag der Großstadtkinder, d. h. aus ihrem unmittelbaren Erfahrungsbereich in die am „roten Faden" konzipierte Geschichte hineingerät.

Die Kinder schlugen im 1. Durchgang Personen mitsamt ihren Problemen vor. Im 2. Durchgang überlegten sie sich dann, welche Lösungen der kleine gute Geist parat hat. Die Resultate waren teils sachlich-drastisch, teils überraschend, mitunter wurde die Realität auch utopisch durchbrochen:

– Doreen … Fahrrad hat einen Platten
– Felix … hat seinen Haustürschlüssel verloren
– Kinder aus der Gartenstraße … ärgern sich über die vielen Hundehaufen
– Oma Krause … ist immer so allein
– Kalli Nietnagel … hat keine Arbeit mehr
– Stefan … hat seine neue Schultasche verlegt
– Paula … hat sich verlaufen
– Murat, der kleine Türke … wird nicht zum Kindergeburtstag eingeladen
– Lisa … hat ihr neues Fahrrad irgendwo vergessen
– Briefträger … findet die Hausnummer nicht
– „Penner" … weiß nicht, wo er schlafen kann
– Lehrerin … kann nicht lächeln
– Oberbürgermeister … hat kein Geld mehr in der Stadtkasse
– Schulanfänger … hat noch keinen Freund

Von den Problemlösungen des kleinen guten Geistes sollen nur einige Beispiele wiedergegeben werden: Eine Zettelaktion in der Gartenstraße, die Hundehalter an die Spielbedürfnisse der Kinder erinnern sollte.

Kalli Nietnagel sollte Oma Krause täglich besuchen und ihr bei der Hausarbeit helfen, dann sei sie auch nicht mehr so viel allein.

Der Briefträger sollte sich umschulen lassen. Dem obdachlosen „Penner" wurde ein Hinterhof mit großen Pappkartons gezeigt, wo er „schon mal eine Nacht" verbringen könne. Dem Oberbürgermeister wurde unverblümt eine Steuererhöhung empfohlen.

23. Erzählspiel mit Spielplan

Erzählspiele wie das nachfolgende Beispiel dienen dem Geschichtenerfinden in „geselliger Runde", d. h. dem kooperativen und assoziativ-spielerischen Erfinden von Geschichten für den Erzählkreis.

Ein Spielplan und die dazugehörigen Materialien eröffnen den Kindern von Anfang an zahlreiche Wahlmöglichkeiten. Sie können entscheiden, ob die Geschichte kurz, lang oder sehr lang werden soll, ob und wie sie ihre Geschichte beenden wollen, welchen Protagonisten sie in den Mittelpunkt der Geschichte setzen wollen, welche Stichwörter die Geschichte beeinflussen sollen, welche anderen Figuren dem Protagonisten begegnen und wie diese die Geschichte beeinflussen sollen, ob sie einen thematischen Rahmen wählen wollen und welchen etc. Angemerkt werden soll, dass viele ältere Grundschulkinder durchaus in der Lage sind, ähnlich strukturierte Spielpläne zu erfinden.

Beim Spiel gibt es für die Kinder mehrere Funktionen, die zu besetzen sind:

- Spieler und Spielerinnen: Sie wählen Stichwörter aus, sie handeln miteinander die ganze Geschichte aus, treffen gemeinsam an den Entscheidungspunkten notwendige Entscheidungen und verabreden den weiteren Fortgang.
- Spielleiter: Sie bzw. er hilft bei der Auswahl von Stichwörtern und Materialien, erinnert an Regeln, hält Ordnung in den Materialien etc.
- Protokollant: Er bzw. sie notiert bzw. dokumentiert die entstandene Geschichte anhand der „Erzählspuren" auf dem Spielplan und bereitet auf diese Weise den Sprechzettel für den Erzählkreis vor.

Folgende Materialien gehören zu dem vorgestellten Erzählspiel:

Ein Spielplan, ein Wörterkasten mit einzelnen Kästchen für die nach Oberbegriffen geordneten Stichwörter, rechteckige und runde Pappkärtchen zum Beschriften und Setzen im Spielplan sowie Papierstreifen für thematische Rahmen und Rohmaterial für Spielfiguren.

Der Spielplan ist kein „Wegeplan", auf dem die Spielfiguren durch Würfeln weiterbewegt werden, sondern ein „Spurenplan" für kurze, lange und sehr lange Geschichten, auf dem eine Spielfigur (später auch zwei Spielfiguren neben- oder nacheinander) von Impuls zu Impuls weitergerückt wird.

Als Impuls im Spurenplan werden die schwarzen Markierungen in der Spur bezeichnet, die in jedem einzelnen Fall mit einem leeren Rechteck oder einem Kreis oder mit einem Rechteck und einem Kreis verbunden sind.

Ein leeres Rechteck bedeutet:
Der Spieler muss ein rechteckiges Kärtchen aus dem Wörterkasten auswählen, auf den Spielplan legen und die Geschichte mit dem gewählten Wort weiterspinnen. Fehlt das gewünschte Wort, wird es auf eine Karteikarte geschrieben.

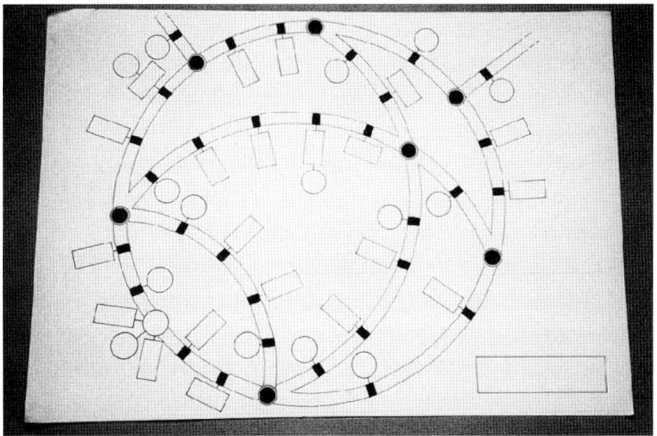

Abb.: Spielplan

Ein Kreis bedeutet:
Der Spieler muss ein rundes Kärtchen aus dem Wörterkasten auswählen, auf den Spielplan legen und die Geschichte mit diesem Wort weiterspinnen. Fehlt das gewünschte Wort, wird es auf eine Karteikarte aufgeschrieben.

Ein Rechteck verbunden mit einem Kreis bedeutet:
Der Spieler muss ein rechteckiges und ein rundes Kärtchen aus dem Wörterkasten auswählen, die Wörter gedanklich miteinander kombinieren und damit die Geschichte weiterspinnen.

Die aufgelegten rechteckigen und runden Wortkärtchen bleiben auf dem Spielplan liegen und markieren die Erzählspur, die dokumentiert werden kann.

Begonnen wird jeweils an Start und Ziel (linke untere Ecke). Zunächst entscheiden sich die Spieler für eine Spielfigur aus dem Wörterkasten, die entweder vorhanden ist oder selbst hergestellt werden muss.

Beispiele: Wenn die Spielfigur „Ich" ausgewählt wird, bedeutet dies, dass die ganze Geschichte aus der Ich-Erzähler-Perspektive erzählt wird.

Wird die Spielfigur „Die kleine Katze" oder „Die kleine Muldennixe" ausgewählt, stehen entsprechend diese Figuren im Mittelpunkt des Geschehens.

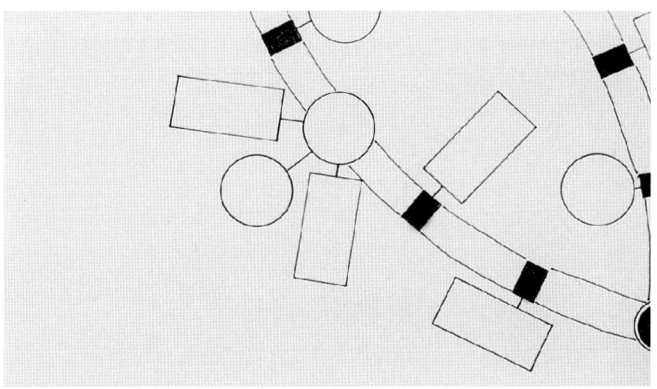

Abb.: Start und Ziel

An den roten Punkten des Spielplans müssen Entscheidungen gefällt bzw. ausgehandelt werden.

Bei Abbiegungen und Kreuzungen kann beispielsweise entschieden werden, ob die begonnene Geschichte kürzer oder länger werden, ob sie in die Anfangsspur zurückgeführt werden und damit teilweise auch an bereits vorhandenen und bekannten Impulsen vorbeigeführt werden soll.

An zwei roten Punkten (oben links und oben rechts) kann der Spurenplan verlassen werden. Das kann bedeuten, dass die begonnene Geschichte entweder dort endet oder offen bzw. unbestimmt abbricht.

An Start und Ziel befinden sich drei spezifische Felder. Eins fordert zur Auswahl einer Spielfigur, ein zweites zur Auswahl einer Anfangsphrase und ein drittes zur Auswahl einer Schlussphrase aus dem Wörterkasten auf. Die Schlussphrase wird natürlich erst zum Ende der Geschichte hin ausgewählt.

Wörterkasten:

Der Wörterkasten gliedert sich in einzelne kleine Kästchen auf, deren Anzahl jederzeit vergrößert werden kann, wenn es notwendig ist.

Jedes einzelne Kästchen repräsentiert einen Oberbegriff:

Landschaften (Teile von Landschaften), Plätze (Orte), Gebäude und Teile von Gebäuden, Pflanzen, Tiere, Fahrzeuge, Wettererscheinungen, Dinge, Gebrauchsgegenstände, Tageszeiten, Jahreszeiten, Kleidung, Spielzeug, Essen, Getränke, Überraschungen, Ereignisse, Gefühle etc.

Außerdem enthält der Wörterkasten noch einige eher funktionale Abteilungen: Anfänge, Schlüsse, Spielfiguren und dazugehöriges Rohmaterial sowie leere, runde und rechteckige Kärtchen.

Jedem Oberbegriff werden vor Spielbeginn wenige Beispiele zugeordnet, damit die Kinder früher erkennen können, was damit gemeint ist.

Besonders wichtig ist es, genug leere Kärtchen bereitzuhalten, die mit den jeweils benötigten zusätzlichen Wörtern beschrieben werden können. Diese Wörter schreiben die Kinder selber auf (z. B. auch mithilfe eines Wörterbuchs!), benutzen sie auf dem Spielplan und legen sie später im Wörterbaukasten ab. Dadurch bekommen sie über die Geschichte hinaus, in der sie gebraucht werden, noch eine anregende Funktion für andere Geschichten. Der Wörterkasten bietet Platz für eine wachsende Wörtermenge.

Ein geeigneter Wörterkasten zum Spielplan kann von den Kindern leicht hergestellt werden: Schuber aus Streichholzschachteln werden mit Modellbaukleber auf ein Pappstück geklebt. Auch rechteckige und runde Kärtchen stellen die Kinder selbst her.

Spielfiguren:

Mit geeignetem Rohmaterial (Holzscheiben aus dem Bastelgeschäft, dicke Scheiben aus einem Weinkorken, Zahnstocher, farbiges Papier und Bastelkleber) stellen die Kinder die Spielfiguren, mit denen sie Geschichten erfinden wollen, selbst her.

Wenn dann auf der Fahne „Der kleine Dino" steht, dann ist die Spielfigur der kleine Dino mit allen Folgen, die sich daraus für die Geschichte ergeben.

An dieser Stelle möchte ich noch erläutern, warum bei dem Erzählspiel Wörter und nicht Bilder, selbst gefertigte Spielfiguren und nicht Holz- oder Plastikfiguren bevorzugt werden. Wörter fordern die Imaginationen, die Vorstellungskraft bzw. die „inneren Bilder" der Kinder stärker heraus. Außerdem – und das ist ein nicht zu vernachlässigender praktischer Grund – sind Wortkärtchen einfacher herzustellen.

Papierstreifen mit thematischen Rahmen:

Thematische Rahmen bedeuten spezifische offene Aufgabenstellungen für entstehende Geschichten und lenken sie gleichzeitig.

Da die Kinder sie auswählen können (aufgrund sorgfältig erwogener Entscheidung oder zufällig), beeinflusst auch diese inhaltliche Komponente weitere Entscheidungen der Kinder. Es entstehen Wechselwirkungen zwischen der Spielfigur, dem thematischen Rahmen und den noch auszuwählenden Stichwörtern, den Ideen, Einfällen, den Abläufen und allen Details. Die thematischen Rahmen rufen Erinnerungen und Wissen der Kinder wach, beziehen u. U. auch Zitate aus anderen Texten, z. B. auch aus Kinderbüchern ein.

Für die entstehende Geschichte, die die Kindergruppe Stück für Stück aushandelt, ist die gewählte (oder selbst aufgeschriebene) Rahmenbedingung (Auto- oder Mäusegeschichten, Ferien- oder Dinosauriergeschichten, Weihnachts- oder Fahrradgeschichten) von grundlegender Bedeutung.

Nach allen Festlegungen auf dem Spielplan, nach allen inhaltlichen und sprachlichen Aushandlungen (das Erzählspiel sollte immer von einer Kleingruppe gespielt werden, deren Mitglieder sich wechselseitig zu Ideen und Formulierungen anregen), kann die entstandene Geschichte eingeübt und erzählt werden.

Der Protokollant dokumentiert die „Erzählspur", d. h. er schreibt einen Sprechzettel. Dieser Sprechzettel (mit allen wichtigen Hinweisen) dient als Hilfsmittel für den Erzählkreis. Mit seiner Hilfe wird die Geschichte „gespeichert" und damit jederzeit (für die Kinder, die mitgespielt haben) wieder erzählbar. Angesichts der „An-Halts-Punkte" auf dem Sprechzettel erinnern sie sich an ihre Geschichte.

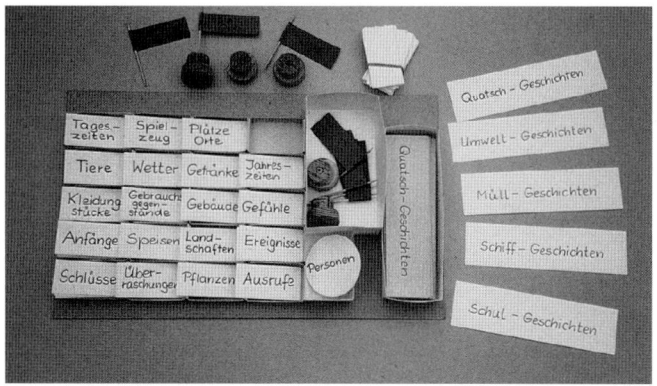

Abb.: Wörterkasten

24. Geeignete Dokumentationsformen für das mündliche Erzählen

Wenn mündliches neben dem schriftlichen Erzählen während der Grundschulzeit als gleichwertig gelten und einen eigenen Stellenwert haben soll (und zwar merkbar für die Kinder), dann müssen Formen gefunden werden, die z. B. mündliche Erzähltexte auf andere Weise dokumentieren helfen als durch lückenloses Aufschreiben. Fehlen spezielle Dokumentationsformen, die ohne allzuviel Schreibaufwand auskommen, wird mündliches Erzählen und auch das Ersinnen längerer Geschichten von den Kindern nicht als gleichwertig empfunden und immer im Zusammenhang mit dem schriftlichen Erzählen gesehen.

Beispiel 1: Tonbandmitschnitte

Lehrerin oder Lehrer machen Tonbandmitschnitte vom Erzählkreis und den jeweils aktuell erzählten Geschichten, die unter größtmöglicher „Schonung" des kindlichen Erzählvermögens und der kindlichen Ausdrucksweise transskribiert und anschließend den Kindern wieder als Text zugänglich gemacht werden (Ausstellungstafel, Geschichtenjournal, Textsammlung etc.).
Geschichten aus einem thematischen Rahmen können auch in Buchform zusammengefasst werden, z. B. „Unsere Hexengeschichten" oder „Unsere Geschichten von den Pexies" usw. Natürlich können die Kinder selbst auch ihre Geschichten aufschreiben und dann veröffentlichen, jedoch sollte diese Folgeaufgabe des Geschichtenerzählens stets freigestellt sein.

Beispiel 2: Das Geschichtenbuch

Zur Dokumentation der unterschiedlichen Arbeitsergebnisse legt jedes Kind ein eigenes Geschichtenbuch an, um darin etwa seine Erzählpartituren (oder auch selbst geschriebene Geschichten u. Ä.) zu sammeln. Dieses Buch soll Gelegenheit geben, Dokumente zum mündlichen Erzählen ähnlich wie schriftliche Erzählungen zu archivieren. Auf diese Weise soll der Wert des mündlichen Erzählens unterstrichen werden.
Die Anlage eines Inhaltsverzeichnisses sollte dem Inhalt entsprechen: Anstelle der schriftlichen Fixierung einer Überschrift und Seitenzahl können die Kinder einen farbigen Tonpapierkreis mit Piktogrammen ausgestalten und auf die ersten Seiten (mit Seitenzahl) ihres Geschichtenbuchs kleben. Die Sammlung der Geschichten im Geschichtenbuch wird dann in der Folge weitgehend selbstständig ausgeführt, z. B. wenn Kinder mehrere Erzählgeschichten zur Erzählfamilie konzipieren.
Weitere Dokumentationsformen für das mündliche Erzählen sind Erzählpartituren, die im Rahmen dieses Buches z. B. für Geschichten mit der Clique, mit der Erzählfamilie bzw. mit den Flachfiguren zum Erzählen vorgeschlagen worden sind. Auch eine Kombination von Erzählpartituren und transkribierten Texten bietet sich an.

Beispiel 3: Selbst gefertigte Bildtafeln, Fotos von Bildtafeln

Stellen Kinder große Bildtafeln zum Erzählen her, z. B. im Zusammenhang mit dem Thema „Bänkelsänger" oder mit Bildzeichen der Prärieindianer, speichern diese die Geschichte und können immer erneut als Grundlage für das Geschichtenerzählen genutzt werden. Dass Bildfolgen oder Bildzeichenfolgen dabei zwar als Gerüst genutzt werden können, gleichzeitig aber auch die notwendige freie Gestaltung der Geschichten zulassen (die dann nie gleich, aber immer ähnlich sind), ist schon mehrfach erwähnt worden.
Weil diese Bildtafeln stets viel Platz einnehmen, sollten sie fotografiert und als genügend große farbige oder schwarzweiße Fotos archiviert werden. Wenn Bilder und Bildzeichen gut erkennbar sind, können auch diese Fotos als Grundlage für das erneute Erzählen dienen.

Exkurs: Die als Erzählanlass dienenden Bildzeichen der Prärieindianer sind erstmalig von mir unter dem Titel „Geschichten, die auf eine Kuhhaut gehen" zusammen mit Beispielen und vielen nachgestalteten Bildzeichen in „Praxis Grundschule" Heft 3/1991, „Erzählen, spielen, erfinden…", S. 36 bis 41, veröffentlicht worden.
Die gleichen Beispiele wurden ebenso in Claussen/ Merkelbach: „Erzählwerkstatt – Mündliches Erzählen", Braunschweig 1995, S. 58 bis 61 aufgenommen.
Eine um mehrere originale Beispiele der Bildzeichensprache der Prärieindianer erweiterte Fassung findet sich in dem Heft „Praxis Grundschule" 5/1997, „Vom Rauchzeichen zum Internet", S. 27 bis 37. Beispiele aus den genannten Veröffentlichungen sind ebenfalls in „Indianerkulturen in den USA" von Eveline Meinert, „Praxis-Impulse", Braunschweig 1999, S. 46 bis 48 aufgenommen worden.
Die verschiedenen Beispiele zeigen eine erfolgreiche Methode auf, zum einen mit Kindern originale Erzählgeschichten auf „Büffelhäuten" zu entschlüsseln, zum anderen aber auch aus Bildzeichen selbst Dokumente für eigene Geschichten aus dem Indianermilieu zu schaffen.
Fertige Dokumente werden dann – in der Mitte beginnend – von innen nach außen „gelesen" bzw. – den Anhaltspunkten folgend – im Erzählkreis frei erzählt.

Beispiel 4: Klassenchronik (nach Art der Indianer)

Um vielfältige kleine Erzählanlässe und auffällige Ereignisse aus dem Alltag einer Schulklasse über längere Zeit zu dokumentieren, bietet sich eine Dokumentationsform nach dem Vorbild der Indianer an.

Sandra, Die goldene Hochzeit (nachgestaltet)

aus: Oehrlein, C.: Anbahnung einer mündlichen Erzählkultur in meiner 2. Jahrgangsstufe (unveröffentlicht)

Transskript

Die Oma und der Opa, die ham Silberhochzeit – die goldene Silberhochzeit, 50 Jahre.

Und weil sie sich so freun, schreiben sie lauter Einladungen. Zu sich heim, laden se alle ein für'n nächsten Tag. Zuerst kommt gleich nach der Schule die Katrin. Die hat sogar ihre Hefte noch dabei. Dann kommt die Pia mit'n Fahrrad gefahren. Auf'm Weg is'se runterg'fallen und kriegt von der Oma schnell a Pflaster aufs Knie. Dann kommt die Mama und der Tommi. Sie haben eine neue Lampe dabei. Die sagen zur Oma und zum Opa: „Die nächsten zwei Geschenke kommen noch!" Dann kommt der Untermieter Fritz mit'n Blumenstrauß. Dann klingelt's Telefon. Der Papa ruft an! Er hat g'sagt, er hat sein Autoschlüssel verlor'n und kommt später. Plötzlich, um halb neun, kommt'er mit'n Auto. Er hat'n neuen Fernseher dabei. Und ham unterm Baum, ham se noch a paar Bänk' aufg'stellt. Und da feiern se dann bis in die Nacht.

Abb.: Indianergeschichte von Dominik (nachgestaltet)
aus: Oehrlein, C.: Anbahnung einer mündlichen Erzählkultur in meiner 2. Jahrgangsstufe (unveröffentlicht)

Indianergeschichte von Dominik (Transskript)
Zwei Brüder nahmen ihr Kanu, Zelt, Pfeil und Bogen. Sie laufen und nahmen ihr Kanu, fahren über den Fluss. Nach zwei Tagen kam ein Sturm. Der Sturm treibt sie an eine Insel. Sie haben Hunger. Der eine Bruder läuft los. Er sieht Vogelspuren. Er nahm sein' Pfeil und Bogen und erschießt den Vogel. Sie braten ihn. Sie sind satt. Sie schlafen. Morgens laufen sie weiter. Der eine Bruder sieht ein Lager. Er wollte sich vorbeischleichen, aber die Indianer haben ihn festgenommen. Abends sucht der eine Bruder den anderen Bruder. Er befreit ihn. Sie rennen so schnell sie können in den Wald. Sie sehen einen Elch. Sie erschießen den Elch. Sie nahmen sein Geweih. Plötzlich sind die Indianer schon wieder hinterher gegangen. Aber sie rauchen die Friedenspfeife und schenken den Indianern das Geweih. Dann fahren sie nach Hause.

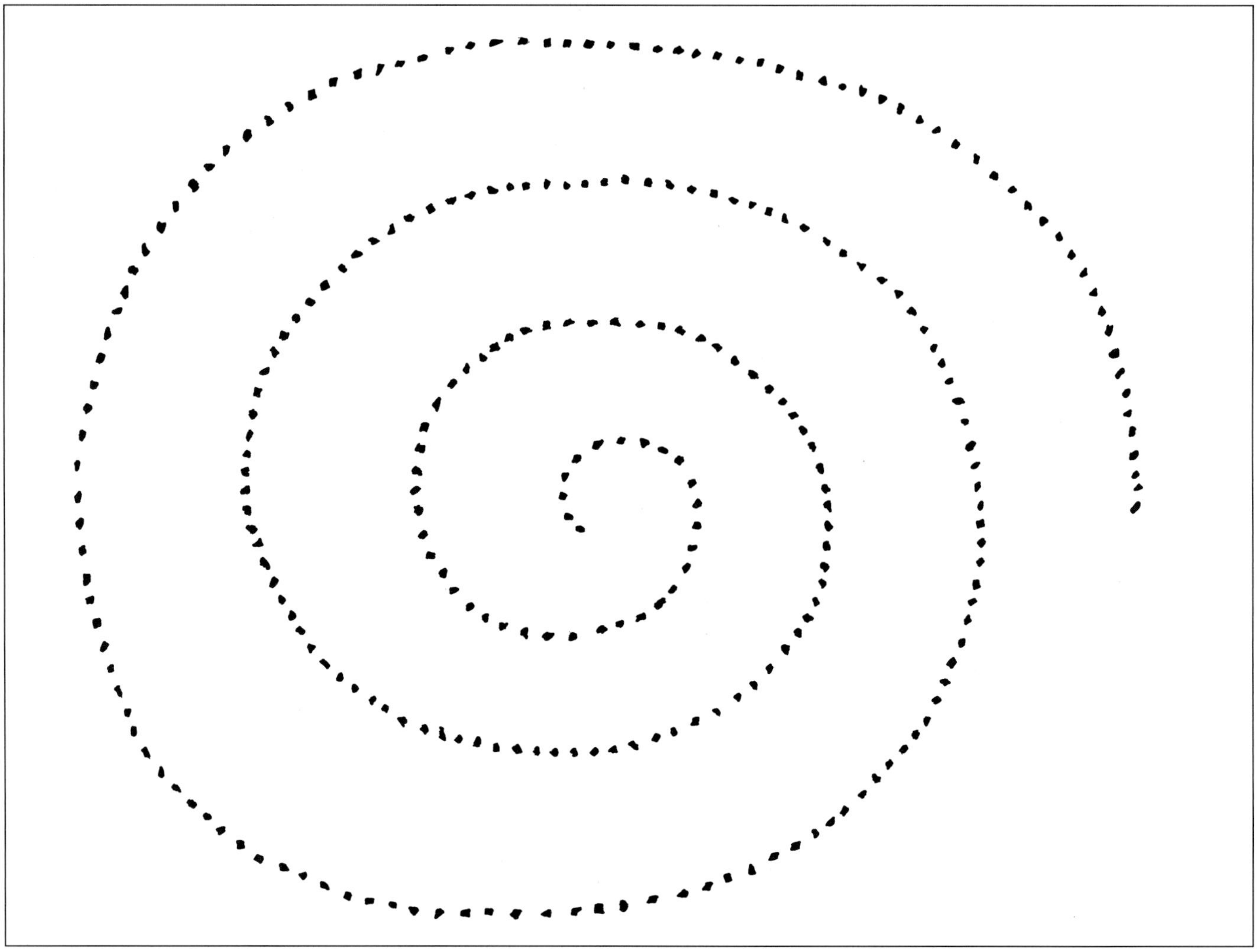

Abb.: Klassenchronik (nach Art der Indianer)

An einer Klassenwand wird ein großer Packpapierbogen aufgehängt (angeheftet), auf dem – in der Mitte beginnend und spiralförmig nach außen führend – nach und nach alle für die Kinder wichtigen Ereignisse in Bild-, Foto- oder Textform (jeweils mit Datum) chronologisch festgehalten werden. Auf diese Weise entsteht eine Klassenchronik, die erzählend – von Anfang an oder rückblickend – gelegentlich wiederholt werden kann. Solch eine Klassenchronik mit genau dokumentierten und erzählend wiederholbaren Ereignissen hat für eine Schulklasse eine hohe identitätsstiftende Wirkung. „Wir und unsere Klasse" wird zur erlebbaren Realität.

Beispiel 5: Geschichtenbücher mit ausformulierten Texten

Neben den bisher beschriebenen Dokumentationsbeispielen sollten z. B. Textsammlungen von Kindern, die sie auf eigenen Wunsch nach dem Erzählen anfertigen, nicht ausgeschlossen werden.

Beispiel 6: Leporello

Mit einem Leporello – einem längeren Streifen aus Tonpapier, der gefaltet und in eine kleine Schachtel aus

Karton eingeklebt wird – lässt sich ebenfalls eine Geschichte aus Bildern (selbst gemalten Bildern, Fotos) und Bildzeichen dokumentieren.

Abb.: Leporello für eine Streichholzschachtel oder eine kleine Schachtel aus Karton

Kinder im ersten Schuljahr haben z. B. ihre sechsjährige Biografie mit Hilfe eines Leporellos dargestellt, beginnend mit der Geburt, endend mit dem ersten Schultag, aber offen für weitere Ereignisse.

Auf dem Blatt „6 Jahre" sieht man einen Schulanfänger mit Zuckertüte (Selbstbildnis) und das Bild eines Fahrrads (Katalogbild): „Das bin ich, wie ich in die Schule komme … und das Fahrrad haben mir meine Eltern geschenkt!"

Auf dem Blatt „5 Jahre" sieht man ein selbst gemaltes Bild mit drei Personen, Sonnenblumen und einem roten Ball:

„Da feiern wir Geburtstag in unserm Garten und spielen mit dem roten Ball … meine Freundinnen sind auch da!"

Das Blatt „4 Jahre" zeigt wieder ein kleines Selbstbildnis vor einem Haus: „Da geh ich in den Kindergarten … und ich habe meinen gelben Pulli an, der passt mir heute nicht mehr!"

Auf dem Blatt „3 Jahre" sind ein Dreirad (Katalogbild) und Bauklötze (Katalogbild) zu sehen: „Wie ich drei Jahre alt war, hab' ich mit den Bauklötzen gespielt … bin ich mit dem Dreirad gefahren. Das ist jetzt baby …"

Auf dem Blatt „2 Jahre" sind ein Foto „Kind beim Spinatessen" und Laufschuhe (Katalogbild) aufgeklebt: „Mit den Schuhen bin ich zum ersten Mal gelaufen … und da habe ich zum ersten Mal allein(!) Spinat gegessen."

Auf dem nächsten Blatt sind ein Strampelhöschen, eine Rassel und ein Trinkfläschchen abgebildet … auf dem letzten Blatt wird ein Kind in einer Wanne gebadet: „Da bin ich grade auf der Welt …!"

Das Leporello kann nach Belieben rückwärts und vorwärts erzählt werden.

Beispiel 7: Dokumentation der Geschichten vom roten Faden

Beim Erzählen „am roten Faden" werden die benutzten Stichwörter auf Karteikarten geschrieben und an den Faden gehängt (→ S. 84). Diese Karteikarten können in Briefumschlägen aufgehoben und somit die Geschichte dokumentiert werden.

Die Karteikarten werden „nach dem Lauf der Geschichte" nummeriert und genau hintereinander gelegt; außen

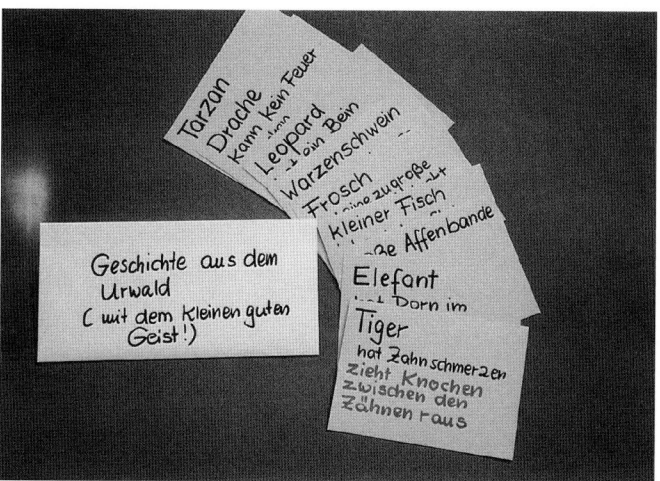

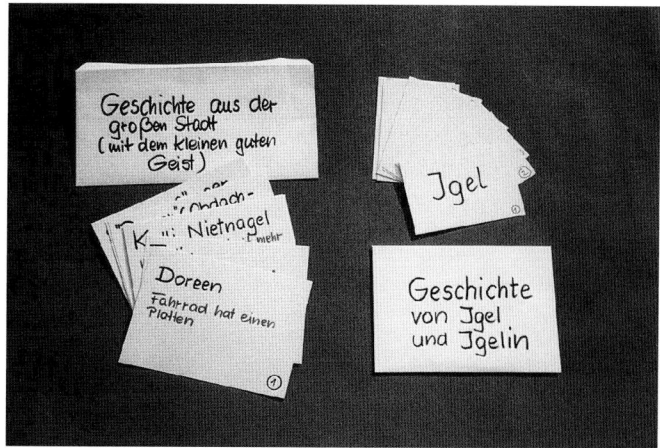

Abb.: Dokumentationsform Karteikasten vom „roten Faden"

auf den Briefumschlag schreibt man den Titel der Erzählgeschichte.

In einer Schachtel kann man viele solche Briefumschläge aufbewahren. Von Zeit zu Zeit werden die Umschläge wieder geöffnet und erlauben es den am Verfertigen der Geschichte Beteiligten, die Geschichte neu, genau oder ähnlich wieder zu erzählen.

Beispiel 8: Röhrengeschichten

Bei dieser Form der Dokumentation geht es darum, eine Geschichte auf wichtige Stichwörter zu verkürzen und sie dann in einer Pappröhre mit Korkverschluss zu „speichern". Beispielsweise können Geschichten mit dem roten Faden auf diese Weise gut aufbewahrt werden. Allerdings werden bei den Röhrengeschichten die Stichwörter nicht auf Papier oder Pappe geschrieben, sondern auf kleine rechteckige Stücke aus weißer Plastikfolie (Einkaufstüte), und zwar mit wasserfestem Folienstift.

Die Stücke werden gelocht, auf eine dünne Schnur oder auf Wolle aufgefädelt und dort etwa im Abstand von 10 bis 20 cm festgeknotet. Das Ende der Geschichte wird zuerst, danach die ganze Schnur mit allen Zetteln bis auf das letzte Stück mit dem Titel in die Papპröhre gestopft. Der Titel muss von außen zu sehen sein. Er zeigt an, welche Geschichte in der Röhre steckt.

Wenn die gespeicherte Geschichte später erzählt werden soll, wird die Schnur beim Erzählen nach und nach herausgezogen.

Die Abbildung zeigt eine solche Röhrengeschichte und ihre Herstellung. Der Inhalt wird nur angedeutet. Von einem Glückspfennig ist die Rede, von fünf freien Wünschen, unbedacht geäußerten Wünschen und vertanen Chancen.

Es kommt darauf an, dass Kinder lernen ihre zunächst nur mündlichen Geschichten auf diese Weise zu verarbeiten, quasi verkürzt zu dokumentieren und für zukünftige Erzählkreise zu speichern.

Beispiel 9: Schachtelgeschichten

Im Gegensatz zu Geschichten, die in Wörtern oder Bildern (spezifisch am Ereignisfluss orientiert) gespeichert werden, sind Schachtelgeschichten solche, die in und mit Gegenständen gespeichert sind, die zum Erzählen in eine bestimmte Konstellation gebracht werden.

Wenn die einzelnen Gegenstände aus der Schachtel herausgenommen und erzählend in die richtige Reihenfolge gebracht werden, kann die seinerzeit gespeicherte Geschichte erinnert und dann wieder erzählt werden.

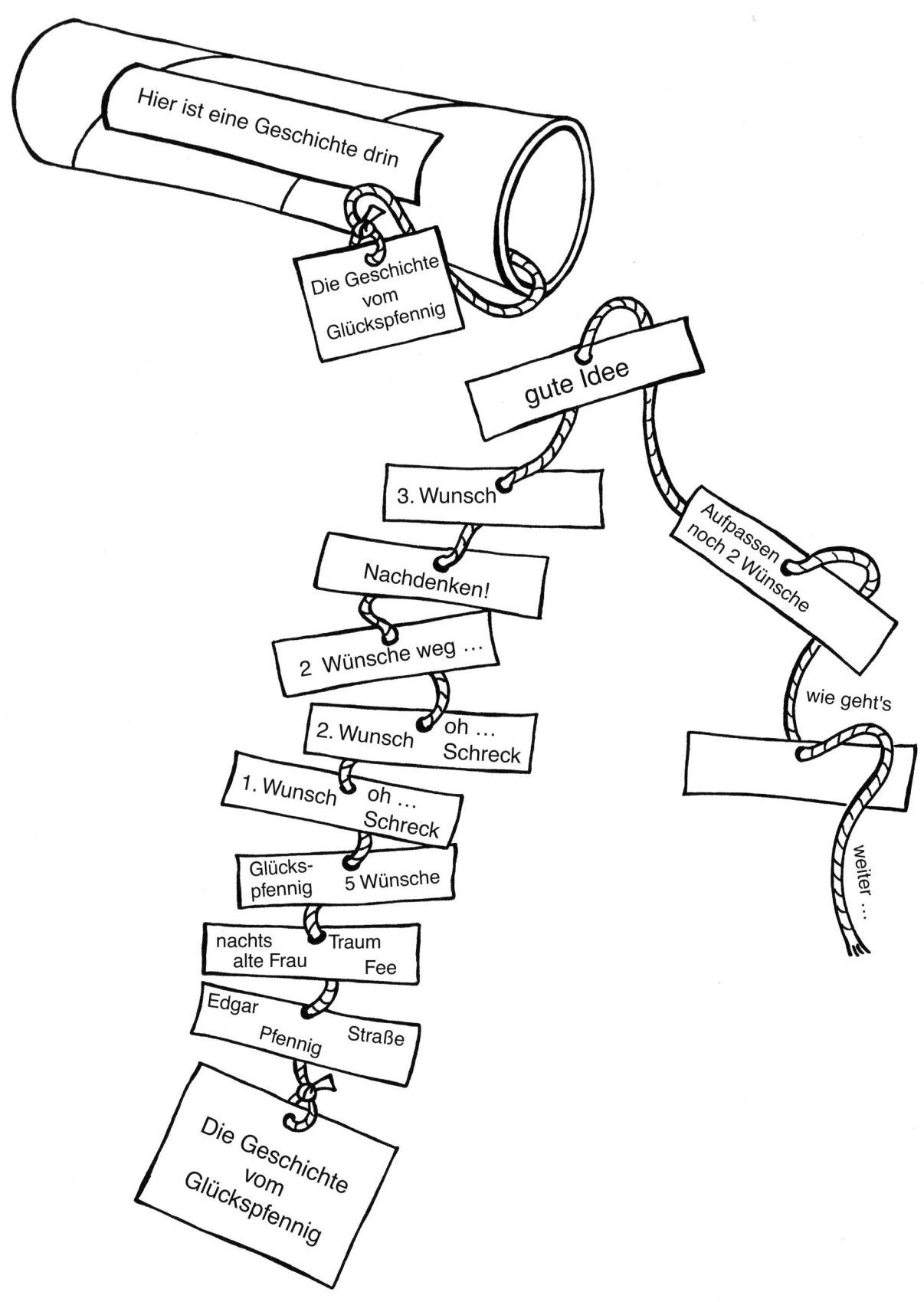

Abb.: Röhrengeschichte